# Découvrez l'histoire par les archives de presse

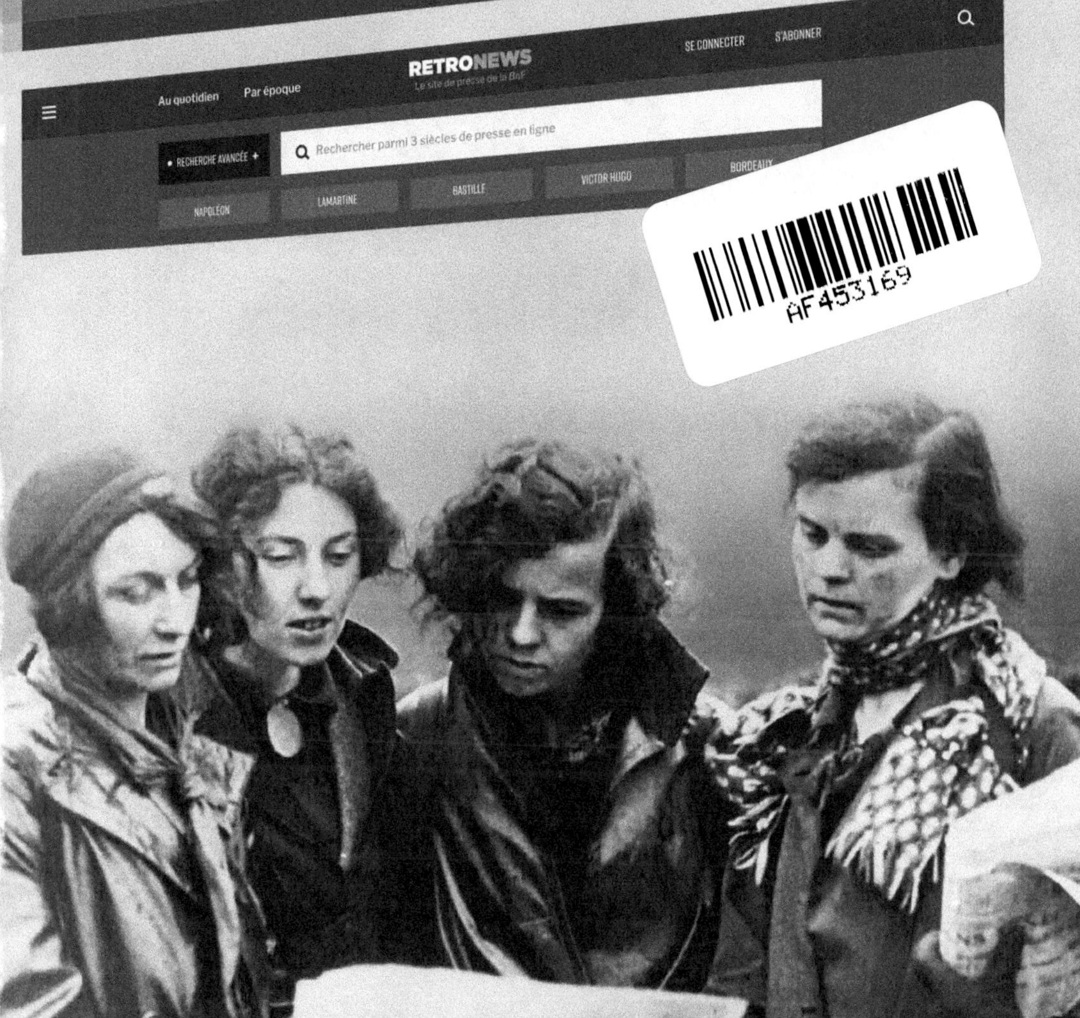


**RETRONEWS**
Le site de presse de la BnF

www.retronews.fr

# MÉMOIRES

ET

## ANALYSE DES TRAVAUX

DE LA

## SOCIÉTÉ D'AGRICULTURE,

COMMERCE, SCIENCES ET ARTS

DE LA VILLE

## DE MENDE,

CHEF-LIEU DU DÉPARTEMENT DE LA LOZÈRE.

1839. — 1840.

MENDE;

IMPRIMERIE DE J. J. M. IGNON,

# PROCÈS-VERBAL

## DE LA SÉANCE PUBLIQUE

### TENUE LE 3o AOUT 1840.

La Société d'Agriculture, Commerce, Sciences et Arts de la ville de Mende, s'est réunie à l'hôtel de la Préfecture, dans l'ancienne salle de la Cour d'assises. Le local avait été disposé d'une manière convenable à cette solennité. Le portrait du ROI DES FRANÇAIS, protecteur de toutes les institutions utiles, occupait le fond de la salle, au-dessus du bureau du Président. Des fauteuils avaient été placés des deux côtés de ce bureau, pour MM. les membres du Conseil général, invités à cette séance, et pour MM. les membres de la Société. On remarquait, dans les autres parties de la salle, un grand nombre d'auditeurs, parmi lesquels se trouvaient des dames.

A deux heures, une députation ayant été prévenir M. le Préfet et MM. les membres du Conseil général, ces MM. se sont rendus à la séance. M. le Préfet, qui occupait le fauteuil, avait à sa droite M. le lieutenant-général, baron Brun de Villeret, pair de France, Président du Conseil général et MM. les membres de ce Conseil ; à sa gauche, M. Bouyon, président de la Société et MM. les membres de cette compagnie.

A l'ouverture de la séance, M. Delon, Chevalier de la Légion d'Honneur, Préfet du département, Président honoraire, a invité M. Ignon, père, Secrétaire perpétuel, à rendre compte des travaux de la Société depuis sa dernière séance publique.

Après ce rapport, plusieurs discours ou mémoires ont été lus dans l'ordre suivant :

M. Borrelli de Serres. — Notice sur une variété du blé de Sainte-Hélène, ou blé monstre, par M. le baron Ch. D'Hombres, membre correspondant.

M. Ignon, fils (Auguste). — Notice sur des instrumens aratoires perfectionnés, et sur la méthode à suivre pour leur introduction graduelle dans le département de la Lozère, par M. le conseiller Ignon, membre correspondant.

M. Alphonse de Charpal, — Des progrès et de quelques vices de notre époque.

M. l'abbé Baldit, — Hymne à la Vierge.

M. Mallay. — De l'influence des femmes sur le progrès ou la décadence des beaux-arts.

M. Bouyon, — 8.e suite de pensées et caractères.

M. le Préfet, président, avant de lever la séance, a adressé à la Société ses remercîmens et ceux du Conseil général pour l'exposé de ses travaux et l'a invitée à poursuivre, avec le même zèle, son utile carrière.

# COMPTE-RENDU

#### DES

## TRAVAUX DE LA SOCIÉTÉ,

A LA SÉANCE PUBLIQUE DU 3o AOUT 1840.

PAR M. J. J. M. IGNON, SECRÉTAIRE PERPÉTUEL.

MESSIEURS ,

J'ai à rendre compte de ce que vous avez fait, depuis votre dernière séance publique.

Cet exposé périodique est destiné à faire connaître les efforts de votre zèle et de votre persévérance à remplir les obligations que vous vous êtes imposées dans des vues toutes patriotiques et d'intérêt général.

L'appui bienveillant de l'autorité supérieure ne vous a jamais manqué ; le Conseil général continue à vous seconder par son généreux patronage ; et M. le Préfet, en présidant cette séance, vous accorde un témoignage flatteur de son estime, en même temps qu'il en rehausse la solennité.

Vous êtes encore encouragés par la présence d'un auditoire nombreux et éclairé.

Vos travaux ont pour objet :

L'AGRICULTURE ;

LE COMMERCE ET L'INDUSTRIE ;

LES SCIENCES ET LES ARTS.

Je vais exposer succintement ce qui a rapport à chacune de ces divisions.

## AGRICULTURE.

Jamais l'Agriculture ne fut plus honorée, plus encouragée qu'à cette époque, où le Gouvernement se plaît à seconder toutes les associations qui s'occupent des progrès de cette importante source de la prospérité publique.

Grâce aux subventions qu'il vous a accordées sur les instances du premier Magistrat du département et d'après le vœu du Conseil général, vous avez été à même de vous occuper un peu plus d'agriculture pratique. C'est par elles que vous avez pu affermer un jardin d'expériences, au centre du département et sous la direction d'une commission prise dans votre sein ; que des distributions de graines ont eu lieu ; que des instrumens aratoires perfectionnés ou des modèles ont été acquis, pour en faire l'essai ou servir à en fabriquer de pareils ; que des primes d'encouragement ont été offertes et distribuées en partie.

M. le Préfet, dans l'intérêt des progrès agricoles, a bien voulu vous consulter sur la ferme-modèle, l'organisation des comices agricoles, un cours d'agriculture à l'école normale, les encouragemens à accorder, et sur diverses questions statistiques se rattachant à l'agriculture.

Voici, Messieurs, ce que vous avez fait à raison de ces divers objets.

### *Jardin d'Expériences.*

Vous avez annoncé, dans le dernier volume de vos Mémoires, que cet établissement était destiné à des essais de culture de végétaux nouveaux ou de meilleures espèces d'arbres à fruits et forestiers, de céréales, plantes fourragères, potagères, textiles, oléagineuses, tinctoriales , etc. et à en répandre les produits en plants ou en graines , dans le département.

Des distributions de tubercules de plusieurs variétés de pommes de terre , provenant de la récolte de 1839 ont été faites ; vous avez décidé qu'elles seraient continuées annuellement , surtout en faveur des personnes qui voudront bien vous faire connaître les résultats de leurs cultures et qui concourront à les répandre dans leurs localités. Vos annales ouvertes à tous les faits utiles , mentionneront honorablement les documens de cette nature.

### Distribution de graines.

Une allocation de mille francs avait été accordée par le Gouvernement , en 1839 , pour distribution de graines. Une partie de cette somme a déjà été employée à cette affectation , et des commissions ont été données pour absorber ce crédit.

Vous vous êtes occupés , dans plusieurs séances , des végétaux qu'il serait utile d'introduire dans le département.

Je citerai particulièrement les suivans , que vous vous êtes procurés.

### Seigle Multicaule.

Dans votre dernière séance publique , nous vous avons entretenus des essais que votre vice-président , M. BORRELLI DE SERRES a faits de la culture du seigle multicaule , la notice où il en rend compte a été insérée dans vos annales , et répandue dans le département. Les résultats qu'il avait obtenus étaient si satisfaisans que , pour propager cette céréale dans le pays , vous vous êtes pourvus de semence type , venant de la Haute-Hesse , qui a été distribuée à un grand nombre de propriétaires et de notables agronomes. D'un autre côté, il en a été semé dans votre jardin ; les produits, après deux coupes en fourrage, ont été satisfaisans, et les grains en provenant vous mettront à même de faire une nouvelle distribution.

Plusieurs personnes comprises dans la première, ont promis de vous donner connaissance des résultats obtenus. Nous recueillerons ces documens pour en rendre compte.

### Pommes de terre.

Tout ce qui concerne la nourriture de l'homme doit tenir le premier rang dans les produits agricoles, la Parmentière y joue un rôle trop important pour ne pas fixer votre attention ; aussi vous avez voulu vous procurer de nouvelles variétés de pommes de terre dont on faisait l'éloge à raison de la qualité et du rendement ; celles que vous avez fait semer vous mettront à même d'en constater le mérite et vous vous empresserez de les répandre comme vous l'avez fait des tubercules de celles que vous avez récoltées l'automne dernier.

### Plantes oléagineuses.

Le Noyer, autrefois si généralement cultivé dans le pays, y devient de jour en jour plus rare, parce qu'on s'occupe peu de remplacer ceux qu'on abat et qu'il exige un long temps pour produire. De là la nécessité de se livrer à la culture des plantes oléagineuses pour satisfaire aux besoins du ménage. Celle du Colza, répandue sur plusieurs points de la France, a déjà été entreprise dans la Lozère, et il est à désirer qu'elle s'y propage.

Vous avez reçu des graines du *Madia sativa*, plante oléagineuse, originaire de l'Amérique méridionale, qu'on peut semer en automne, et qui paraît devoir prospérer dans nos climats, puisqu'elle a résisté aux rigueurs de l'hiver dans plusieurs départemens du Nord.

Le compte avantageux que les annales de la Société royale d'horticulture rendent de la culture de cette graine et de la qualité de l'huile qui en provient, vous a déterminés à en faire l'essai dans votre jardin d'expériences.

### *Plantes potagères.*

La culture des plantes potagères offre un supplément important pour la nourriture de l'homme. Chaque propriétaire a un jardin, et pour procurer au pays les améliorations dont l'horticulture s'enrichit chaque jour, vous avez cherché à y contribuer par la distribution de graines de nouvelles variétés ou de meilleures espèces que celles qu'on y cultive.

### *Plantes tinctoriales.*

M. le Ministre de l'agriculture ayant fait remettre au jardin du Roi une certaine quantité de *Peganum harmala*, pour servir à ses distributions ; M. de Mirbel, professeur du Museum d'histoire naturelle, en a adressé un kilogramme à la Société.

D'après la petite notice jointe à la lettre d'envoi, le *Peganum harmala* est une plante vivace indigène dans la Crimée, qui ne donne sa graine que la seconde année, graine très-abondante qui mûrit au mois d'octobre, et supporte également bien le froid et les fortes chaleurs.

M. Gabel, professeur de chimie à l'université de Dorpat, a trouvé un moyen facile d'extraire de ces graines une teinture rouge très-solide, qui paraît de nature à remplacer la cochenille ; les renseignemens pris à ce sujet ont confirmé ce fait ; mais comme M. Gabel n'a pas fait connaître son procédé d'extraction, plusieurs chimistes de Paris s'occupent dans ce moment de chercher un procédé facile et économique ; si leurs expériences donnent un résultat satisfaisant, comme on a lieu de le croire, on se hâtera de le faire connaître.

La Société a été d'avis de faire l'essai de culture de cette plante dans son jardin, et de distribuer des graines aux cultivateurs les plus zélés et les plus éclairés qui désireraient en obtenir.

### *Plantes textiles.*

La culture du chanvre, autrefois très-répandue dans le département, ainsi que le prouve la dénomination de *chenevière* que les anciens cadastres donnent à certaines portions de terrain, même dans la partie la plus élevée de nos montagnes, a dû fixer votre attention, non-seulement afin de nous affranchir du tribut que nous payons à l'Auvergne pour les qualités inférieures de toile ; mais encore pour offrir à la classe ouvrière des cultivateurs un moyen de remplacer l'industrie à laquelle ils se livraient pendant la morte saison, occupation que leur enlèvent les mécaniques de filature de la laine.

Dans cette vue, vous avez décidé d'encourager par tous les moyens mis en votre pouvoir, la culture du chanvre ; vous vous êtes procuré des graines de la grande espèce du Piémont (*Canabis gigantea*) et vous en avez déjà fait une première distribution.

*Plantes fourragères.*

Vous avez signalé plusieurs fois les avantages des prairies artificielles comme pouvant suppléer, pendant certaines années, à l'insuffisance des fourrages naturels, et permettre de se livrer à l'élève d'un plus grand nombre de bestiaux.

Ces avantages, appréciés dans certaines localités, ont besoin d'être généralisés. Pour remplir ce but vous avez été d'avis de vous procurer des plantes fourragères de plusieurs espèces dont la distribution sera faite pour le printemps prochain.

*Arbres.*

Vous avez fait venir de chez MM. Audibert, de Tonelle des plants d'arbres à fruits de bonnes espèces, que vous avez confiés à quelques uns de vos membres ; ils se sont chargés de livrer des greffes à toutes les personnes qui en feront la demande à la Société.

Vous avez placé dans votre jardin de la pourette de poiriers qu'on greffera avec ces mêmes espèces, et de la pourette de mûriers ; les plants des uns et des autres seront distribués lorsqu'il en sera temps.

Vous vous êtes procuré des graines du pin noir d'Autriche. Cet arbre inconnu pour ainsi dire en France, jouit d'une grande réputation en Allemagne ; les forestiers de ce pays, qui le sèment avec avantage sur les montagnes, le considèrent comme le plus robuste des conifères et le moins délicat sur le choix du terrain.

Depuis quelque temps nos forêts se dégarnissent, que dis-je, il n'en existera bientôt plus, soit à raison du commerce excessif des planches et des bois de construction, pour lequel on ne fait plus des coupes réglées ; soit par les dévastations des prolétaires contre lesquelles la sanction pénale est insuffisante ; de là la nécessité de s'occuper de reboisement , et pour y contribuer vous avez offert et distribué des graines de cette nouvelle variété de pin , qui paraît devoir plus particulièrement prospérer dans nos montagnes.

Voilà , Messieurs, pour l'allocation qui concerne les graines.

### *Instrumens perfectionnés.*

Je passe à celle de 5oo fr. qui a pour objet les instrumens aratoires perfectionnés.

Vous avez reçu de l'un de vos correspondants M. le conseiller IGNON , une notice sur la méthode à suivre pour l'introduction graduelle de ces instrumens. Vous avez été d'avis d'en donner communication en séance publique ; je me bornerai donc à citer ceux que vous avez acquis, en annonçant qu'ils seront à la disposition des propriétaires cultivateurs qui voudront en faire l'essai ; ils consistent , en

Une petite charrue de Roville , pour une paire de bœufs , avec soc, versoir et coutre en fer acier , appropriée par M. Lacaze , de Nismes , à nos localités ;

Une herse perfectionnée, à dents de fer avec sa chaîne d'attelage ;

Une houe pour un seul cheval ;

Un griffon , nouvel instrument à cinq socs , employé surtout pour les secondes cultures , quand on veut répandre ou recouvrir les semences.

Votre conservatoire contient en outre divers modèles de Charrues, de Rouleau, de Tarrare, de Hachepaille , de Baratte, de Rape , qui sont communiqués à toutes les personnes qui veulent en faire exécuter de semblables. Ce qui a déjà eu lieu pour le Tarrare.

Ce dépôt s'accroîtra, suivant les moyens mis à votre disposition, des divers instrumens perfectionnés qui pourront plus spécialement être introduits dans le département.

### Primes d'encouragement.

La Société avait exprimé depuis long-temps, et à plusieurs reprises, le vœu d'être à même de pouvoir distribuer des primes d'encouragement à l'agriculture. Ce vœu, appuyé par M. le Préfet et le Conseil général, a été enfin accueilli.

Sur une première subvention de mille francs, qui fut accordée à la Société en 1839, vous affectates à cet objet 300 fr. Il fut publié un programme des primes offertes aux concours, fixés au chef-lieu du département, pour le 27 avril et le 2 novembre 1840.

Celles à décerner au concours du 27 avril étaient au nombre de quatre :

1.º Pour le plus beau taureau ;

2.º Pour la plus belle vache laitière ;

3.º Pour le plus beau troupeau de moutons de belle race, ayant la laine la plus fine ;

4.º Pour le plus beau mulet de deux ans.

Quoique les taureaux et les troupeaux de moutons, présentés au jury que vous aviez nommé, fussent les plus beaux exposés en foire, ils ne lui parurent pas réunir toutes les conditions voulues pour obtenir l'entière prime ; cependant, comme le délai pour connaître le concours avait été trop court, et que néanmoins il convenait, pour la première fois de décerner un encouragement quelconque, afin d'exciter l'émulation pour les concours à venir, il fut d'avis d'accorder à ce titre :

1.° Pour le concours des taureaux,

A M. Cayroche, propriét. à Ville-Neuve, commune du Chastel-Nouvel, arrondissement de Mende, 25 francs.

A M. Portal, (Jean-Joseph, propriétaire et maire à Javols, arrondissement de Marvejols, 15 francs.

2.° Pour le concours des troupeaux de moutons,

A M. Cayroche, déjà nommé, 15 francs.

Pour épuiser le crédit, un concours sera ouvert à Mende, le 2 novembre prochain, et le programme qui va être publié indiquera les primes à décerner.

Il sera également distribué, d'après votre décision, des primes d'encouragement, pour divers objets sur le crédit de mille francs que le Gouvernement a accordé à la Société sur les fonds de 1840.

M. le Ministre de l'agriculture et du commerce ayant mis à la disposition de M. le Préfet une somme de 2300 fr. pour être appliquée, savoir 1000 fr. pour l'élève des bestiaux, 1000 francs pour le perfectionnement des instrumens aratoires, et 300 francs pour encouragemens divers à l'agriculture, ce magistrat décida que l'emploi de cette subvention serait réglé sur la proposition d'un jury, composé de cinq membres qui seraient désignés par la Société, et vous invita à lui faire connaître les noms de ceux dont vous auriez fait choix.

Cette nomination eût lieu ; mais postérieurement, M. le Préfet vous informa que M. le Ministre avait prélevé sur ce crédit une somme de 2000 francs pour

être affectée à l'établissement de la ferme-modèle de
Fabrèges, de sorte qu'il restait à faire emploi de la
somme de 300 francs ; suivant l'intention de ce magistrat, cette somme sera fonds pour les primes à comprendre dans votre prochain programme.

### Fermes-modèles.

L'utilité des Fermes-modèles est incontestable ; mais
leur organisation pour qu'elles puissent être le plus
avantageuses aux progrès de l'agriculture est encore
un problême, qu'une académie voisine, celle du Gard,
vient de soumettre pour la seconde fois au concours.

J'ai eu occasion, dans mon dernier compte-rendu,
de rappeler vos vœux, quant à celle de Fabrèges ; M.
le Préfet a bien voulu, à deux reprises, vous consulter
sur le chiffre à demander sur les fonds d'encouragement pour cet établissement, vous vous êtes empressés
de répondre à cet appel flatteur, de la manière la
plus avantageuse, parce que vous saviez, Messieurs,
que le Conseil général, dans un but d'utilité, avait
fait à cet égard tout ce que la situation financière du
département lui permettait.

Ces renseignemens sont les seuls que vous avez
été appelés à fournir ; mais permettez-moi d'ajouter
que, dans la formation d'une commission chargée,
dans le principe, de s'occuper plus particulièrement
de cet établissement, M. le Préfet a voulu que la
Société y fut représentée dans la personne de son
Secrétaire perpétuel, honneur dont je suis extrêmement flatté ; mais que je ne puis attribuer qu'à la
bienveillante indulgence de ce magistrat et à vos
suffrages honorables qui m'ont appelé à ces fonctions.

Les travaux de cette commission sont en dehors
de ceux dont j'ai à vous rendre compte ; cependant

je ne dois pas omettre d'observer que la question des fermes-modèles, vous a plusieurs fois occupé. Vos Mémoires renferment deux propositions de M. le comte de Monangiés, adressées au Conseil général, l'une en 1829 et l'autre en 1838 sur un projet de ferme-modèle à Fabrèges ; la première était sur une plus grande échelle ; mais l'auteur dans sa dernière proposition, a fait connaître les motifs des modifications qu'il y a apportées.

Enfin, Messieurs, à cette dernière occasion, votre collègue, M. Octave de Chapelain, dans un discours prononcé en séance publique, vous a entretenus des avantages des fermes-modèles, surtout dans les pays pauvres, où par des exemples, on peut convertir les paysans trop ignorants et trop entichés de routine.

### Comices agricoles.

Les comices agricoles appartiennent plus particulièrement à l'agriculture pratique. Comme moyen de progrès, le Conseil général, dans sa session de 1839, en demanda la création dans le département, et M. le Préfet, après avoir décidé qu'il en serait d'abord institué à Mende, Florac et Marvejols, considérant la Société comme le centre d'action, voulut bien vous consulter sur les dispositions règlementaires qu'il conviendrait d'adopter pour leur organisation.

Pour répondre à ce témoignage flatteur d'estime et de bienveillance, vous chargeâtes l'un de vos membres, M. le conseiller Ignon, d'un rapport et d'un projet de règlement à ce sujet, lesquels, après votre adoption unanime, reçurent l'approbation de M. le Préfet, qui décida que ces premières instructions de la Société seraient imprimées à la suite de la circulaire qu'il adressait à MM. les Sous-préfets et Maires, pour les inviter à contribuer à l'organisation des comices.

Comme leur publication a été très-répandue, je me dispenserai d'en faire l'analyse. Que pourrait-on dire de plus flatteur, pour votre travail, que le passage suivant de la lettre de M. le Préfet ?

« J'ai lu avec intérêt l'exposé du projet arrêté par » la Société d'agriculture pour l'organisation des co- » mices agricoles. Le but qu'elle se propose est trop » louable et les moyens d'exécution trop bien conçus » pour que je ne m'associe pas aux vœux que doivent » former, pour son succès, toutes les personnes qui » s'intéressent au progrès de l'agriculture. •

Des exemplaires ont été adressés au comices de Marvejols et de Florac, dès que vous avez été pré-venus de leur organisation. M. le Sous-préfet, président honoraire du comice de Marvejols, vous a exprimé, de la part des membres, qui le composent, le désir de se mettre bientôt en rapport avec la Société pour tout ce qui peut contribuer aux améliorations et aux progrès de l'agriculture, et d'y joindre son concours.

Vos annales seront ouvertes à la publication des divers travaux de ces associations; elles acquerront par là un nouveau degré d'utilité et d'intérêt, et il faut espérer que nos efforts communs ne seront pas sans résultats pour le département, où l'on ne saurait trop s'appliquer à exciter l'émulation et à inspirer le goût des choses utiles.

### *Cours d'agriculture.*

C'est dans cette vue, que M. le Préfet, voulant introduire de nouvelles améliorations dans l'école nor-male, forma le projet de la création d'un cours théo-

rique et pratique d'agriculture , confié à un professeur
spécial qui révèlerait aux élèves-maîtres les perfectionnemens nouveaux et les bons résultats qu'ils produisent,
et leur donnerait , à leur sortie de l'école , les moyens
de concourir au bien-être de la population , par la
fécondation du sol.

Par suite de la confiance dont il vous honore , ce
Magistrat désira avoir votre avis, 1.º sur le nombre
et la durée des leçons à donner par semaine ; 2.º
sur les matières de l'enseignement.

Vous vous empressâtes de répondre aux questions
proposées, en applaudissant à cette nouvelle preuve
de la sollicitude administrative qui avait pour objet
un établissement dont le succès vous parût d'autant
plus assuré que le cours suivi d'applications pratiques
aurait lieu dans une localité qui offre les variétés
de terrains et de cultures indispensables pour bien
apprécier les leçons du professeur. Outre le jardin
de l'école , vous offrites de mettre à sa disposition
celui de la Société.

### Objets divers.

Vous avez été appelés à fournir divers renseignemens statistiques se rattachant à l'agriculture ; sur
les récoltes , les jachères , patis et pacages , les mûriers ; sur la situation agricole du département , et
les améliorations à y apporter. Ces divers objets
trouveront place dans vos annales , ainsi qu'une notice sur un compost de terre et de chaux , employé
avec succès par M. Martin , notaire et adjoint à
Marvejols.

### Conservation des grains.

Vous y avez consigné l'extrait d'un rapport de votre

Secrétaire perpétuel sur le nouveau procédé d'emmagasinage des grains, indiqué par M. le général Demarçay, et vous avez annoncé que la brochure qui entrait dans de plus longs détails serait communiquée à toutes les personnes qui désireraient faire l'essai de ce procédé, qui intéresse à un si haut point l'économie rurale.

### *Épizootie aphteuse.*

L'un de vos correspondans, M. Caouzon, artiste vétérinaire à Rodez, vous a transmis une notice sur une maladie qui s'était manifestée, en 1839, sur plusieurs points des départemens de l'Aveyron et de la Lozère, dont les bœufs étaient affectés, et désignée sous le nom de *Cocote* ou *Maladie aphteuse:* Cette notice, dans laquelle votre collègue indiquait le traitement à suivre, fut insérée, d'après votre invitation, dans le journal de la Lozère, en même temps que M. le Préfet faisait répandre la connaissance des moyens curatifs, par la voie du Recueil administratif.

Pour y avoir recours, dans des cas semblables, vous avez voulu qu'elle fut consignée dans vos mémoires.

En terminant ce qui a rapport à l'agriculture je crois devoir ajouter ici que, par décision ministérielle la Société a été comprise pour un abonnement gratuit à la Revue agricole.

### Commerce et industrie.

J'arrive maintenant à la seconde partie de vos travaux. Rassurez vous, Messieurs, je n'aurai pas, malheureusement, à vous entretenir longuement de notre commerce et de notre industrie.

### *Exposition des produits industriels.*

Dans une solennité nationale, qu'on peut considérer

comme une fête triomphale, où les industriels rivalisent d'émulation pour exposer les produits de leur invention ou de leur fabrication perfectionnée, malgré l'appel réitéré de l'administration, soit défiance du mérite de leurs productions, soit insouciance, nous le disons à regret, la Lozère n'aurait pas été citée à l'exposition des produits de l'industrie française de 1839, si l'un de nos compatriotes fixé à Paris, M. Henri Lascols, de Mende, n'eût exposé divers tissus de laine qui se fabriquent de temps immémorial dans ce département, dont-il a trouvé de nombreux emplois, pour doublures, fournitures d'hospices et d'hôpitaux, casquettes, gilets et tapis de table, etc. après qu'ils ont été teints et imprimés.

Le jury central de l'exposition, frappé du bas prix des articles exposés, lui décerna une médaille de bronze. La notice insérée dans le procès-verbal du jury entre dans des détails qui intéressent notre fabrication, et vous avez décidé qu'elle serait mentionnée dans vos annales.

### Industrie de la soie.

Vous avez publié, par la même voie, un mémoire sur les petites éducations de vers-à-soie dans les Cévennes, par M. Charles d'Homenes, l'un de vos correspondants.

L'expérience de votre collègue, dans ce genre d'industrie, qui prend tous les jours plus d'extention dans le département de la Lozère, vous a paru un guide sûr pour nos éducateurs qui débutent dans la carrière.

J'ajouterai que, dans le même but, M. le Ministre de l'agriculture et du commerce vous a compris pour un abonnement gratuit au Propagateur de l'industrie

de la soie en France ; ouvrage publié sous la direction de M. Amans Carrier, de Rodez, et qui est
communiqué à toutes les personnes qui désirent de
le consulter.

Il ne me reste plus qu'à vous entretenir de la troisième et dernière partie de vos travaux :

SCIENCES, BELLES-LETTRES ET BEAUX-ARTS.

## Observations météorologiques.

Votre correspondant M. Charles D'HOMBRES vous a
adressé les observations georgico-météorologiques qu'il
a faites à St-Hypolite de Calon (Gard). Ce travail,
quoique d'une application locale, a pour objet de
constater les influences physiques qui agissent sur la
vie de l'homme et la végétation. Il serait à désirer
que les personnes qui, dans le département, s'occupent
de recueillir de pareils faits, vous les communicassent
pour les consigner dans vos annales, comme des documens d'une utilité incontestable.

## Eaux thermales.

Un établissement d'une haute importance pour la
santé, celui de Bagnols-les-Bains, près Mende, a
reçu, par les soins de ses nouveaux propriétaires,
MM. BORELLI DE SERRES et CHEVALIER, des améliorations qui en ont changé entièrement la face.

Trop peu connu hors des départemens qui nous
environnent, il était indispensable qu'on publiât
quelque notice sur sa topographie, la nature de ses
eaux, le genre de maladies auxquelles elles sont propres et les guérisons qu'elles opèrent.

Quatre auteurs ont traité simultanément cette
matière · deux *ex-professo*, votre collègue M. le
docteur CHEVALIER, de Mende, et M. le docteur
Jacob, de Langeac.

Les deux autres, qui font partie de votre Société, MM. Mallay et Ph. Hedde, en ont parlé en amateurs.

Les recherches et observations de M. le docteur Chevalier et la notice de M. Mallay, ont été publiées séparément et vous ont été offertes par leurs auteurs et les propriétaires de l'établissement ;

Le mémoire de M. le docteur Jacob, qui annonce avoir puisé dans le manuscrit de M. le docteur Blanquet, inspecteur de l'établissement, avec son agrément, est consigné dans les annales de la société académique du Puy, que vous recevez en échange de vos publications.

L'aperçu de M. Hedde, vous ayant été lu en séance ordinaire, est inséré dans le dernier volume de vos mémoires.

Tous ces auteurs sont d'accord sur l'efficacité incontestable, pour un très-grand nombre de maladies, des eaux thermales de Bagnols, qu'ils considèrent à l'égal des plus renommées de France et de l'étranger.

Ils sont également unanimes sur les améliorations qui se sont opérées dans la distribution, l'ordonnance du local des bains, la tenue des hôtels, la facilité des communications, par de belles routes et de bonnes diligences.

### Morale.-Littérature.-Histoire.

M. Alphonse de Charpal, dans un discours sur l'amélioration morale et intellectuelle du département, a traité tour-à-tour des moyens de combattre les préjugés des paysans en fait de culture, de leur émigration pendant une partie de l'année, et de la nécessité de généraliser l'étude de la langue française.

Dans un autre discours, prononcé en séance publique , parcourant un champ plus vaste , votre collègue vous a soumis quelques réflexions rapides sur l'histoire et la philosophie de notre époque, dans ses rapport avec les deux derniers siècles. Cet écrit d'un style concis captiva l'attention d'un nombreux auditoire.

Vous avez voulu ajouter à ces suffrages d'approbation publique de les faire insérer l'un et l'autre dans vos mémoires.

*Précis classique d'Histoire universelle.*

La même concision se trouve, de rigueur, dans un ouvrage de plus longue haleine, ayant pour titre : Précis classique d'histoire universelle avec la chronologie mnémonisée , dont l'auteur M. l'abbé ENJALVIN , de Saint-Alban , que vous avez admis au titre de correspondant , vous a fait hommage.

Dans un écrit si plein de faits , et où les plus importans sont exposés en peu de mots , votre collègue, attaché au pays qui l'a vu naître , a saisi l'occasion de le citer, en consacrant deux lignes au mausolée que le département de la Lozère avait érigé à Du Guesclin, 450 ans après sa mort, à Châteauneuf sur le lieu même où il expira.

*Pensées et Caractères.*

M. BOUYON vous a encore fait hommage, dans votre dernière séance publique, d'une septième suite de ses pensées et caractères. Leur style piquant et varié et leur but moral, ont fixé votre attention et obtenu vos suffrages.

*Etymologie des noms de lieux.*

Comme documens statistiques qui se rattachent à notre histoire locale, vous avez accueilli, avec votre

indulgence accoutumée, quelques recherches étymo-
logiques sur les noms propres des Villes, Villages,
Hameaux, etc. du département de la Lozère, que
vous a communiquées votre Secrétaire perpétuel,
comme un essai qu'il se propose de completter plus
tard, en rectifiant les erreurs inséparables d'un travail
de cette nature.

### Poësie.

Une pièce de vers vous a été lue par M. l'abbé
Baldit. Votre collègue a choisi pur sujet les Bienfaits de
la Religion Chrétienne, et ses accens harmonieux ont
fait pénétrer dans vos âmes les beautés de ses inspirations.

### Monumens religieux.

Dans des aperçus sur l'architecture religieuse des
premiers siècles, M. Mallay, traitant un sujet dont
il s'occupe spécialement, a obtenu d'un auditoire nombreux, une attention soutenue. Votre collègue, après
des considérations générales sur la forme et la destination des édifices qu'on consacra au culte chrétien,
vous a cité quelques particularités concernant deux
églises de la Lozère, St-Alban et St-Michel-de-Dèzes,
et a signalé à l'attention artistique de l'assemblée un
des plus curieux exemples de l'architecture religieuse
aux 14.e et 15.e siècles, le grand clocher de l'église
cathédrale. C'était terminer convenablement un discours bien écrit par la citation du plus beau monument du département de la Lozère.

### Journal des savans.

D'après votre vœu, transmis à M. le Garde des
Sceaux, par M. le comte de Morangiés, député du département, ce Ministre vous a accordé un abonnement
gratuit au Journal des savans.

*Nécrologie.*

La partie la plus pénible de mon rapport est celle où je dois rappeler les pertes que votre compagnie a éprouvées depuis sa dernière séance publique.

Vous avez à regretter de ne plus compter, parmi vos membres, deux correspondans :

M. Chirac, aîné, propriétaire au Chambon,

Et M. Maisonneuve, père, ancien directeur des mines de Villefort et de Vialas.

Ce dernier vous avait prêté un concours aussi actif que son âge avancé pouvait le permettre. Vous avez de lui, dans vos annales, une notice sur la montagne de la Lozère, sous le rapport minéralogique, contenant des renseignemens statistiques fort intéressans sur cette partie du département.

Il avait publié, dans le journal des mines, divers articles qui déposent d'une manière avantageuse de son savoir.

Consignons ici l'expression de notre estime, comme un dernier témoignage rendu à leur mémoire.

*Correspondance.*

Ainsi que nous l'avions prévu ; par suite des mesures autorisées par M. le Ministre de l'instruction publique, votre correspondance s'est considérablement accrue. Un plus grand nombre de Sociétés académiques vous ont transmis leurs publications, en échange des vôtres. La liste des ouvrages que vous recevez d'elles, placée à la fin du dernier volume de vos Mémoires, constate cette augmentation.

On y mentionne également les dons faits pour les collections de votre musée ; les noms des personnes qui veulent bien concourir au but d'utilité départementale qu'elles peuvent offrir , y sont cités , comme un témoignage de votre reconnaissance.

Je crois devoir rappeler ici que M. le docteur Valantin , de Mende , vous a fait cadeau de plusieurs tableaux , gravures , objets de curiosité , et d'environ 200 volumes de bons ouvrages.

Vous êtes redevables à l'autorité municipale du nouveau local que vous occupez à l'ancien palais de justice.

Grâces aux subventions du Gouvernement et du département , vous avez pu faire quelques réparations pour l'approprier à sa destination.

Ainsi , comme nous le disions en commençant , l'appui de l'autorité ne vous manque pas ; votre zèle est encore soutenu par les sympathies d'un grand nombre de personnes honorables , animées de l'amour du bien général , objet spécial de votre association , et qui , comme vous , déplorent l'esprit d'égoïsme qui dans ce siècle d'intérêts matériels , tend à tout isoler , et à paralyser tout progrès.

M. LE PRÉFET ,

MM. DU CONSEIL GÉNÉRAL ,

En commençant , j'aurais dû réclamer votre indulgence ; vous avez daigné me l'accorder ; permettez-moi de vous en témoigner ici ma vive reconnaissance.

Organe d'une compagnie vouée à l'utilité publique , qui , dans une sphère d'action bien circonscrite , s'associe avec empressement à toutes vos vues avantageuses au département , je suis chargé de vous remercier , en son nom , de vos encouragemens , et de vous assurer que vous la trouverez toujours disposée à concourir , de tous ses moyens , à ce qui pourra contribuer au bien du pays.

# LETTRES

## DE M. LE PRÉFET

### A LA SOCIÉTÉ,

CONCERNANT L'ORGANISATION DES COMICES AGRICOLES.

*Mende, le 20 septembre 1839.* (*)

**MONSIEUR LE PRÉSIDENT,**

Le Conseil général du département, appréciant les avantages que la création des Comices agricoles peut procurer à l'agriculture, a émis le vœu, dans sa dernière session, qu'il en fût établi dans le département, et j'ai décidé qu'ils seraient d'abord institués à Mende, Florac et Marvejols.

Ces Comices ont surtout pour but d'établir des rapports fréquens entre les agriculteurs d'une même contrée, afin de leur donner les moyens de conférer sur les meilleures méthodes de culture pour les mettre ou les faire mettre ensuite en pratique et constater les résultats obtenus : d'aider à l'introduction et à l'emploi d'instrumens aratoires perfectionnés ; d'améliorer l'éducation des bestiaux : enfin de contribuer, autant que possible, à la prospérité de toutes les branches de l'agriculture par des exemples, des préceptes et surtout par des encouragemens qu'ils seront appelés à décerner aux ouvriers et valets de ferme qui se distinguent par leur intelligence, leurs soins, leur probité et leur bonne conduite.

---

(*) C'est d'après cette lettre que le rapport qui suit, a été fait, et que le projet de réglement a été soumis à l'approbation de M. le Préfet.

Chaque Comice serait constitué définitivement pour l'adoption, soit d'un règlement particulier, soit de celui qui serait proposé pour tout le département. Les membres se réuniraient une fois par mois à Mende, sous ma présidence, et à Florac et à Marvejols, sous la présidence de M. le Sous-préfet de l'arrondissement.

Ces dispositions générales devraient être suivies dans la première organisation des Comices agricoles, dont on pourra faire partie en s'inscrivant sur les listes à cet effet ouvertes au secrétariat de la préfecture et des sous-préfectures, et en s'engageant de payer une légère cotisation annuelle qui, avec les fonds qui seront accordés par le Gouvernement et par le département, servira à acquitter les frais divers des Comices et à distribuer des récompenses et des primes d'encouragement.

La Société d'agriculture de Mende, dans le sein de laquelle il sera facile sans doute de constituer le Comice de l'arrondissement chef-lieu, serait considérée comme le centre d'action, et les Comices comme une fraction locale de cette Société. Cette Société établirait ainsi des relations directes et intimes avec les Comices, et confondrait à l'avenir dans un même crédit toutes les subventions que l'État et le département destineraient à encourager l'agriculture.

Je vous prie de vouloir bien consulter MM. les membres de la Société d'agriculture sur les dispositions réglementaires qu'il conviendra d'adopter pour l'organisation des Comices agricoles dans le département.

Les contrées les plus reculées, celles qui jusqu'à ce jour étaient restées le plus en arrière en fait de progrès agricoles, prennent part aujourd'hui à l'impulsion générale. Le département des Hautes-Alpes, où les cultivateurs ont, comme dans celui de la Lozère, tant à lutter contre les intempéries du climat que contre l'âpreté des localités et la difficulté des communications, n'a cependant pas voulu rester étranger au mouvement. Un Comice agricole s'y est formé, et quoique son existence soit récente, il a déjà produit d'utiles résultats.

J'ai l'honneur de vous communiquer un exemplaire du règlement qu'il a adopté ; la Société d'agriculture y trouvera des renseignemens utiles pour l'organisation projetée.

Agréez, Monsieur le Président, l'assurance de ma considération distinguée.

*Le Préfet de la Lozère,*
**A. DELON.**

———

*Mende, le 18 novembre 1839.*

MONSIEUR,

J'ai lu avec intérêt l'exposé du projet arrêté par la Société d'agriculture pour l'organisation des Comices agricoles. Le but qu'elle se propose est trop louable et les moyens d'exécution trop bien conçus pour que je ne m'associe pas aux vœux que doivent former, pour son succès, toutes les personnes qui s'intéressent aux progrès de l'agriculture.

J'ai donc donné mon approbation à ce projet, et décidé que les instructions de la Société d'agriculture seront imprimées à la suite de la circulaire ci-jointe que j'adresse à MM. les Sous-préfets et Maires pour les inviter à contribuer à l'organisation des Comices.

Agréez, Monsieur, l'assurance de ma considération très-distinguée.

*Le Préfet de la Lozère,*
**A. DELON.**

Copie *de la circulaire de M. le Préfet*
*à MM. les Sous-préfets et Maires du département*

Mende, le 18 octobre 1839.

Le Préfet du département de la Lozère, Chevalier
de la Légion - d'honneur,

*A MM. les Sous-Préfets et Maires du département.*

Messieurs,

L'Agriculture qui, chez presque tous les peuples,
tient le premier rang, et par l'importance de ses produits
et par l'étendue de ses travaux, est surtout en France
le fondement de la prospérité publique. Elle fournit
des subsistances à la population entière, des objets
d'échange à notre commerce, des matières premières
à nos fabriques. Cependant, il faut le reconnaître,
l'agriculture n'est pas au niveau des progrès qui distinguent aujourd'hui les autres branches de notre
industrie ; les produits du sol sont encore sur un
grand nombre de points au-dessous de ce qu'ils pourraient être. L'un des premiers et des plus sûrs moyens
d'obtenir des progrès rapides et des améliorations
marquées, est la propagation de l'instruction agricole
pratique. Car, sans cette instruction les agriculteurs
agissent isolément et manquent des connaissances nécessaires, soit pour redresser leurs idées, soit pour
propager de proche en proche les meilleures méthodes.

Dans un grand nombre de départemens, il existe
des Sociétés d'agriculture qui rendent d'incontestables
services ; mais la plupart sont instituées dans un but
trop académique pour attirer les simples cultivateurs :
et leurs mémoires, leurs recherches scientifiques n'ar-
rivent, ni toujours, ni sous la forme la plus facile à
saisir, à l'exploitant chargé de l'application des théories.

Pour former de bons agriculteurs, il faut des préceptes, mais surtout des exemples ; aussi le Gouvernment a-t-il souvent recommandé, et recommande-t-il encore aujourd'hui, les Comices agricoles comme les plus puissans moteurs des progrès de l'agriculture. Ces Comices, partout où ils sont établis, se composent des propriétaires et des fermiers les plus éclairés, les plus aisés et les plus intéressés à la prospérité de l'agriculture ; ils tiennent de fréquentes réunions dans les champs, afin d'observer les cultures du pays, et de mettre en commun, pour le profit de tous, l'expérience des uns et l'étude des autres : pour exciter l'émulation, ils établissent des concours, décernent des primes, soit à ceux qui ont le mieux cultivé leurs terres, soit aux laboureurs qui mènent le plus habilement la charrue, soit à ceux qui présentent les plus beaux produits en chevaux, poulains ou bêtes bovines, etc. Ils récompensent aussi les ouvriers les plus habiles, les plus honnêtes serviteurs. Tantôt ils distribuent des ouvrages agronomiques indiquant les méthodes nouvelles, et les meilleurs assolemens Tantôt ils envoient dans des localités des instrumens, des modèles nouveaux ou perfectionnés, qui doivent procurer une culture plus prompte, plus productive, plus économique. Ils recherchent les meilleurs de ces instrumens, s'attachent à instruire ceux qui les confectionnent comme ceux qui les manient. Ils signalent les cultivateurs qui ont rendu de véritables services à l'agriculture et appellent sur ces utiles citoyens les récompenses du Gouvernement. Enfin, ils admettent dans leur sein tous les hommes zélés pour le bien du pays.

M. le Ministre du commerce m'a fait connaître que toutes les fois qu'un Comice nouveau sera insti-

tué et présentera des chances de succès, il s'empressera d'accorder une subvention sur les fonds alloués
par le budget de l'Etat à l'encouragement de l'agriculture.

D'un autre côté, le Conseil général appréciant les
avantages que la création des Comices agricoles peut
procurer à l'agriculture a émis le vœu, dans sa dernière session, qu'il en fut établi dans le département,
et comme il importe de commencer par les chefs-
lieux, MM. les Sous-préfets sont invités à convoquer
le plutôt possible une assemblée de propriétaires pour
constituer le Comice de leur arrondissement respectif.

Il sera donné communication à l'assemblée des instructions et du règlement ci-joints, rédigés par la
Société d'agriculture de Mende, qui doit être considérée comme le centre d'action des Comices.

MM. les Sous-préfets et MM. les Maires useront,
je n'en doute pas, de toute leur influence par amener
leurs administrés à s'associer à des mesures dont les
résultats promettent de nouvelles sources de richesses
au pays.

Recevez, Messieurs, l'assurance de ma considération
la plus distinguée.

*Le Préfet de la Lozère,*
A. DELON.

# RAPPORT

## SUR L'ORGANISATION

# DES COMICES AGRICOLES

DANS LE DÉPARTEMENT DE LA LOZÈRE,

FAIT DANS LA SÉANCE DU 31 OCTOBRE 1839,

PAR M. C. J. A. IGNON, MEMBRE CORRESPONDANT,

CONSEILLER A LA COUR ROYALE DE NISMES. (*)

MESSIEURS,

Lorsqu'il y a déjà vingt ans l'administration posa les fondemens de votre Société, elle voulut qu'elle embrassât dans ses travaux tout ce qui peut faire prospérer un pays: l'Agriculture, le Commerce, les Sciences et les Arts.

Elle voulut se créer d'utiles auxiliaires qui, en lui faisant connaître les besoins du département confié à sa paternelle sollicitude, lui signaleraient, en même temps, les moyens de les satisfaire.

Elle voulut encore régénérer le pays par le pays même, en confiant à votre patriotisme et à vos lumières le soin de raviver dans son sein tous les élémens de prospérité, et de le diriger dans la voie du progrès.

---

(*) La Société a été d'avis de donner la plus grande publicité à ce Rapport comme première instruction sur l'institution des comices

5

Vous comprîtes alors toute l'importance de cette noble mission, et depuis vous n'avez cessé de chercher à justifier, autant qu'il était en vous, les légitimes espérances que l'administration et vos concitoyens avaient fondées sur votre institution.

Je n'entreprendrai pas, Messieurs, d'énumérer tout ce que vous avez fait pour y parvenir, car je n'aurais pas seulement à consigner ici de louables efforts, mais d'importans résultats obtenus et des améliorations déjà consommées ; et si je me permets d'applaudir, en passant, au bien que vous avez pu faire, ce n'est que pour vous présenter un nouveau motif de redoubler de zèle et de persévérance.

Comment ne le feriez-vous pas, Messieurs, en présence des encouragemens que vous prodigue le Conseil général, et du témoignage flatteur d'estime et de bienveillance que vient de vous accorder le premier magistrat qui préside en ce moment aux destinées de notre département, et qui se montre si jaloux de contribuer de tout son pouvoir au bien-être de ses administrés.

Quelle plus belle récompense pouvait-il offrir à vos utiles travaux, que cette honorable distinction par laquelle il vient de placer votre Société à la tête de toutes les institutions départementales qui ont pour objet de hâter, parmi nous, les progrès de l'Agriculture !

Il vous appelle, Messieurs, à concourir à l'organisation des comices, à établir ce vaste réseau d'association, moyen le plus puissant d'obtenir le développement progressif de l'industrie agricole dans notre pays.

Fonder les bases solides de l'intérêt général sur l'intérêt de chacun en particulier ; faire concourir toutes les forces de la Société au plus grand bien de tous ses membres ; confondre dans une puissante et fraternelle association l'homme qui pense et celui qui travaille, celui qui sait et celui qui a besoin qu'on l'éclaire, le génie qui invente et l'adresse qui exécute ;

Faire de l'agriculture non pas seulement par les livres, mais la charrue à la main et au milieu des exploitations rurales ; éclairer la pratique par la théorie et enrichir celle-ci de toutes les conquêtes des expériences nouvelles ;

Démontrer au simple laboureur la supériorité des instrumens perfectionnés, en les faisant fonctionner sous ses yeux pour le convaincre qu'ils abrègent le travail et le rendent plus parfait ;

Lui faire apprécier les avantages des nouvelles méthodes de culture, non pas seulement en les prônant, mais en les pratiquant sur le champ même qui avoisine le sien, pour que le spectacle des résultats qu'elles procurent puisse enfin parvenir à vaincre cette aveugle routine, si dangereuse ennemie de tout progrès et de toute amélioration ;

S'efforcer par tous les moyens possibles de mettre en honneur le premier et le plus utile de tous les arts ; appeler la considération publique sur ceux qui l'exercent ; améliorer le sort de ces populations agricoles si morales et pourtant si malheureuses, de ces hommes laborieux qui alimentent l'Etat par leurs sueurs, et qui vivent de privations pour créer l'abondance ; récompenser les modestes vertus de ces utiles agens de l'agriculture ; et entretenir une noble émulation parmi toutes les classes de cultivateurs en leur proposant des primes, des récompenses, des distinctions encourageantes à obtenir et glorieuses à mériter.

Tels sont à la fois, Messieurs, et le but que se proposent les comices agricoles et les moyens qu'ils emploient pour parvenir à l'atteindre.

Telle est aussi l'institution éminemment utile que le zèle éclairé de M. le Préfet veut approprier aux besoins de nos localités.

Persuadé que vous vous empresseriez de prêter à ce magistrat le concours qu'il réclame de vous pour doter le pays de cette institution qui lui promet les résultats les plus avantageux, votre bureau a pensé, Messieurs, qu'il convenait, sans attendre le jour fixé pour vos réunions périodiques, de faire préparer le projet de règlement qui vous a été demandé, et il m'a chargé de consacrer à sa rédaction une part des loisirs que les vacances judiciaires me permettent de prendre au milieu de vous. J'ai si rarement l'occasion de partager vos travaux, depuis que les devoirs de la magistrature me tiennent éloigné du pays, pendant dix mois de l'année, que j'ai dû m'empresser d'accepter celle qui m'a été offerte; et bien que je connaisse que cette tâche aurait été mieux remplie par un membre plus expérimenté dans la science agricole, j'ai dû cependant me mettre à l'œuvre pour faire preuve de bonne volonté.

Je sais d'ailleurs que, quelque imparfait que puisse être le projet que je viens soumettre à vos délibérations, les discussions approfondies auxquelles il donnera lieu dans le sein de la Société, l'en feront sortir digne, de tout point, d'être soumis à l'approbation de M. le Préfet.

Voici, Messieurs, les bases posées par l'administration, et que nous avons eu seulement à formuler en articles.

Votre Société est le centre d'action de toutes les institutions départementales, qui ont pour objet le perfectionnement de l'agriculture, et les encouragemens à donner pour parvenir à cet important résultat.

Trois comices sont établis dans le département , un dans chaque arrondissement, ce sont des fractions locales de votre Société en ce qui touche l'agriculture.

Tous les propriétaires et fermiers qui voudront en faire partie y seront admis , sous la condition de payer une légère contribution annuelle , exclusivement consacrée à fonder des primes d'encouragement.

La Société confondra , dans un même crédit , toutes les subventions accordées , soit par l'Etat , soit par le département , pour l'encouragement de l'agriculture.

Les comices se réuniront une fois par mois , et seront présidés : à Mende , par M. le Préfet ; à Marvejols et à Florac , par MM. les Sous-Préfets.

Entrons maintenant dans l'examen des dispositions réglémentaires qu'il conviendra d'ajouter à ces points fondamentaux.

Nous vous proposons de fixer à cinq francs la cotisation annuelle.

Dans certaines localités on a pris pour base une cote proportionnelle au montant des contributions de toute nature , payées par chaque associé. Il nous a paru , Messieurs , qu'une cotisation volontaire ne devait avoir rien de commun avec les contributions publiques , et qu'il fallait éviter une assimilation qui pourrait être défavorable à l'institution de nos comices ; nous avons donc préféré une cotisation fixe et modérée , qui sera d'une perception plus facile , puisqu'elle sera connue d'avance sans qu'il soit besoin de faire un rôle minutieux qui aurait imposé bien du travail au trésorier.

En fixant cette cotisation uniforme à 5 fr. , nous n'avons pas entendu imposer des bornes à la générosité de ceux qui voudraient contribuer pour une plus forte somme , ou qui se proposeraient de fonder eux-mêmes des primes qu'ils soumettraient à l'approbation et au jugement du comice. Tous les dons faits pour cet objet, seront reçus avec reconnaissance, et les noms des fondateurs seront honorablement mentionnés dans les procès-verbaux et programmes qui seront publiés.

Nous avons, pensé Messieurs, qu'avant de constituer les comices, il fallait réunir un certain nombre de souscripteurs dont nous avons fixé le minimum à 20. Ce nombre nous a paru suffisant pour que cette institution pût commencer à fonctionner. Le produit des cotisations s'élevant à 100 fr. et celui des subventions diverses pouvant s'élever à 200 fr., chaque comice aurait en commençant 300 fr., somme rigoureusement suffisante pour fonder de 8 à 10 primes; car ici, comme partout, les primes devront être plus multipliées que considérables. En général elles ne dépassent, pas 20, 30 et 40 fr.; par ce moyen un plus grand nombre de cultivateurs sont appelés à en profiter, et l'émulation en est plus excitée.

En se constituant, les comices devront organiser leur bureau, peut-être conviendrait-il que l'administration ne se réservât que la présidence honoraire, et que le bureau fut composé d'un président, d'un vice-président, d'un secrétaire et d'un trésorier, pris dans le sein du comice, et nommés à la pluralité des voix. C'est ainsi qu'on l'a pratiqué dans plusieurs localités. Le chef de l'administration serait toujours président de droit, toutes les fois qu'il serait présent; mais deux officiers pris dans le sein du comice, et appelés à le présider successivement, prendraient un intérêt plus direct à ses travaux, acquerraient cet esprit de suite si nécessaire pour bien diriger toutes les délibérations. Les Sociétés agissent et ne vivent le plus souvent que par leur bureau; le nombre et le choix des membres qui doivent le composer, sont la chose la plus importante de toute organisation.

Dès que le trésorier aura recouvré le montant des cotisations, et que la Société aura fait la répartition des subventions, le comice devra se réunir pour dresser le programme des primes et récompenses à décerner.

C'est ici, Messieurs, le travail le plus important des comices, celui même dans lequel la Société doit venir à leur aide, parce qu'il nécessite un esprit d'ensemble et de suite, seul capable de produire des améliorations, et d'assurer les progrès de l'agriculture, objet de leur institution commune.

Il conviendra donc que la Société publie une instruction dans laquelle elle déterminera, dans l'ordre qui lui paraîtra le plus rationnel, et le plus approprié aux localités, les récompenses à décerner, et les objets qui devront être encouragés par des primes. Les comices seront invités à présenter leurs observations sur ce travail, et à proposer les modifications et additions, qu'une étude plus approfondie des intérêts et des besoins locaux pourra leur suggérer.

Permettez moi, Messieurs, de vous présenter quelques aperçus sur cet important objet.

1.º Instituteurs primaires.

Il me paraît utile d'associer à l'œuvre des comices les instituteurs primaires. Ceux qui se destinent à cette profession reçoivent, dans l'école normale, des notions d'agriculture, et sont même exercés à certaines pratiques agricoles, dans le jardin d'expériences attaché à cet établissement. Je proposerais donc de mettre à profit ce qu'ils auront appris dans cette partie, et de décerner des récompenses à ceux de ces instituteurs qui auront établi un jardin d'expériences dans leur commune et se seront appliqués à répandre, soit parmi leurs élèves, soit parmi les cultivateurs, les connaissances usuelles de l'agriculture et le goût des perfectionnemens utiles.

## 2.ᵉ Valets de ferme.

Pour mettre en honneur les travaux agricoles, il convient de décerner aussi des récompenses aux valets de ferme qui se seront fait remarquer par leur assiduité au travail, leur zèle, leur intelligence, leur moralité et leur long séjour sur la même exploitation rurale, ou au service des mêmes maîtres.

## 3.° Cultures diverses, Assolemens, Amendemens et Engrais.

En premier lieu, il faut encourager la culture des plantes fourragères.

Du sainfoin, de la luzerne et du trèfle, comme prairies artificielles de durée ;

Du trèfle, du maïs, des pois et de la vesce, comme fourrages annuels, propres à être intercalés dans l'assolement triennal pour y remplacer l'année de jachère, en attendant que les progrès toujours croissants de l'agriculture aient suggéré aux cultivateurs de la Lozère un assolement plus avantageux.

En second lieu, la culture en grand des racines et tubercules, pour être appliqués à la nourriture des bestiaux ;

Des pommes de terre, des raves, des navets et de la betterave champêtre.

Ces cultures doivent aussi remplacer l'année de jachère.

Les prairies artificielles se forment rapidement, et à peu de frais, elles n'augmentent point les labours ; puisqu'on les sème sur le blé en automne ou au printemps.

Le *détritus* des plantes, ou la dernière coupe qu'on enfouit en vert, remplace une fumure.

La culture des plantes sarclées dispense des labours

préparatoires à l'ensemencement du blé et purge la terre de toutes les plantes parasites qui nuisent aux récoltes.

La prairie artificielle produit aussi ce dernier avantage, parce qu'elle étouffe ces plantes et leur empêche de se développer, ou parce qu'étant coupées avant la formation de la graine, elle empêche par là leur reproduction.

Les anciens cadastres, dans la partie même la plus élevée de nos montagnes, font mention d'une infinité de pièces de terre appelées *la Chanabière*. Le chanvre et le lin y furent autrefois cultivés. Des expériences récentes faites par plusieurs de vos collègues attestent que cette culture peut être reprise avec avantage. Encourageons-la, Messieurs, ne fut-ce que pour produire ces toiles de qualité inférieure que nous allons chercher en Auvergne, et pour offrir un nouveau moyen de travail à nos classes industrielles.

La culture du colza a été introduite avec succès dans les arrondissemens de Mende et de Marvejols. La destruction toujours croissante des noyers dont les produits sont si casuels et qui nuisent par leur ombrage au produit des céréales doit nous faire adopter la culture de quelque plante oléagineuse ; favorisons donc, par des primes, celle du colza qui peut nous devenir si utile.

Tous les moyens d'augmenter les fourrages doivent être mis en usage ; après avoir encouragé l'établissement des prairies artificielles, des racines et tubercules, et des récoltes sarclées, il conviendra d'encourager aussi l'amélioration des prairies naturelles, soit par le perfectionnement de l'irrigation et la construction de réservoirs, soit par l'emploi des engrais calcaires, végétaux ou autres.

Il résulte des recherches, dont on vous a déjà entretenus, qu'il n'existe pas dans la Lozère des carrières à plâtre ; on y trouve peu de marne fertilisante. Pour remplacer de si puissans moyens d'amender les sols, et remplir le même objet, il faut encourager l'emploi de la chaux dans toutes les parties du département où on peut se la procurer à bon marché. On fait fuser la chaux dans de la terre et on répand ensuite ce mélange sur le champ qu'on veut ensemencer ou sur les prairies naturelles ou artificielles qu'on veut améliorer.

Un essai de ce genre a été fait avec succès par M. Martin, notaire à Marvejols, sur un domaine qu'il possède dans la commune de Lachamp.

### 4.º Instrumens perfectionnés.

Au premier rang il faut placer les instrumens de labourage. Le seul qui soit en usage dans le pays est l'araire des Romains.

Les armes avec lesquelles ils conquirent le Monde seraient aujourd'hui d'inutiles moyens d'attaque ou de défense.

Leurs lois qui méritèrent le nom de *Raison écrite* et qui, tout impuissantes qu'elles furent pour arrêter la chute de l'empire, servirent néanmoins de règle aux peuples vainqueurs et les forcèrent à rendre hommage à leur sagesse, ces lois ont cessé d'être en vigueur.

La charrue que dirigèrent les mains triomphantes de Cincinnatus n'est pas plus parfaite que les armes avec lesquelles il sauva sa patrie, et que ces lois mêmes qui plus tard commandèrent le respect aux barbares.

La raideur des pentes, le peu de profondeur du sol, les pierres qui l'encombrent, l'extrême division des propriétés ne permettront pas de se servir, dans beaucoup de localités, des charrues à avant-train et à plusieurs socs. Nos terrains granitiques, et la nature du calcaire qui domine dans nos vallons semblent proscrire l'emploi des socs en fonte qui s'useraient trop rapidement ; mais pour cela tous les perfectionnemens ne seront pas interdits.

Ces oreilles courtes, espèces de versoirs en bois qui ne remplissent que très-imparfaitement leur destination, qui tassent la terre au lieu de l'émietter et de la disposer à recevoir les influences atmosphériques, ne pourraient-elles pas être remplacées par de véritables versoirs en fer ? Ne serait-il pas possible d'adapter à notre araire un régulateur plus parfait que ces boulons ou *tendilles* qui servent actuellement à cet usage ? Ne pourrait-on pas y ajouter le coutre qui fend la terre et coupe les racines ? L'age brisé, dont on se sert dans la montagne, ne pourrait-il pas remplacer celui dont on se sert dans les vallons et qu'on appelle *chambette* ? Ne serait-il pas plus favorable aux perfectionnemens à porter à l'ensemble de l'araire ?

N'importe-t-il pas, Messieurs, d'appeler sur tous ces points l'attention des cultivateurs, de provoquer des expériences de leur part et de récompenser le zèle de ceux qui auront réussi à introduire quelque utile perfectionnement, en leur faisant surtout observer que vous n'admettrez et ne récompenserez que les innovations qui auront pour résultat d'abréger le travail et de le rendre plus facile et plus parfait.

Pour juger en pleine connaissance de cause du mérite des instrumens de labourage et pour faire à cet égard des expériences comparatives, il deviendra indispensable que la Société fasse l'acquisition d'un dynamomètre, instrument à l'aide duquel on apprécie le degré de force nécessaire pour faire fonctionner les diverses charrues.

### 5.º Amélioration des races.

Lorsque vous aurez créé de nouvelles ressources pour fournir aux bestiaux une nourriture plus abondante et plus saine, vous pourrez rechercher un autre genre de perfectionnement dans l'amélioration des races et créer des encouragemens particuliers, surtout pour la partie montagneuse du département qui se livre à l'élève des bestiaux.

### 6.º Arboriculture, Pépinières et Plantations.

Il faut ici placer en première ligne les encouragemens à donner à la culture du mûrier. Des essais avantageux indiquent assez que l'extension de cette culture doit augmenter un jour la richesse du pays, il faut donc diriger vos encouragemens de la manière la plus propre à favoriser cette précieuse innovation.

L'achat coûteux des plants, et la difficulté d'acclimater ceux qui viennent des pays chauds, indiquent suffisamment que les premières primes doivent être accordées à ceux qui établiront des pépinières, et qu'il faut ajourner les encouragemens à donner aux plantations, jusqu'au moment où les pépinières locales seront en plein rapport, ce qui offrira encore l'avantage de faciliter l'écoulement de leurs produits.

Il conviendra aussi d'encourager les pépinières et plantations d'arbres fruitiers et forestiers.

L'abus des défrichemens, l'exploitation des bois de construction, des planches et celle des sabots qui a pris dans ces derniers tems un si grand développement, semblent faire craindre, dans un avenir prochain, le manque ou du moins la rareté, et l'élévation du prix du combustible; et les recherches infructueuses qui ont été faites, naguères, pour découvir des mines

de houille, sont encore un motif pour nous déterminer à encourager des semis ou plantations d'arbres
forestiers.

Le repeuplement des bois sur une grande échelle
paraît impossible dans le pays, tant qu'on n'aura pas
proscrit entièrement le parcours des bêtes à laine ;
néanmoins celui qui, luttant contre cet obstacle trop
enraciné, parviendrait à peupler en bois un espace
déterminé d'un terrain trop en pente pour être cultivé, mériterait une prime.

### 7.º Défrichemens.

Les encouragemens ou primes à donner pour les
défrichemens, ne peuvent venir qu'en dernière ligne.
Le défaut de l'agriculture de la Lozère est d'embrasser
trop d'étendue. Il faut perfectionner la culture avant
de l'étendre. Les perfectionnemens sont impossibles
à celui qui cultive trop. Les terres incultes sont en
général de mauvaise qualité, elles payent mal les
travaux qn'on y consacre.

Ces aperçus sur l'ordre à suivre dans les encouragemens à proposer ne peuvent être que bien impar-
faits, et je ne vous les ai présentés que pour appeler
plus particulièrement votre attention sur cet obejet
important, et provoquer vos méditations sur les considérations diverses qui doivent déterminer votre choix
et celui des comices.

En même tems que le programme fera connaître
les objets que le comice se propose d'encourager par
des primes, il devra indiquer les conditions diverses
du concours, et notamment l'étendue que devra avoir
chaque culture, pour être admise à concourir.

C'est surtout la grande culture qu'il convient d'encourager, celle qui procède par assolemens réguliers ;

mais elle s'exerce sur des domaines d'inégale importance. Il conviendra donc de fixer , pour les plus petits
propriétaires , le minimum d'étendue que devra avoir
leur culture pour être admise au concours , comme
par exemple : 10, 20 ou 30 ares ; pour les autres propriétaires , leur culture devra présenter , en sus de ce
*minimum* , une étendue proportionnelle à l'étendue
respective de leurs propriétés.

Dans certains comices on a pris pour base , non
pas l'étendue réelle des propriétés des concurrens , mais
la cote de leurs contributions , comme par exemple :
d'un are pour ceux qui payent moins de 50 fr. ;
10 ares pour ceux qui payent de 50 à 100 fr, 20
ares pour ceux qui payent de 100 à 200 et 40 ares
pour tous ceux qui payent plus de 200. francs.

Vous verrez , Messieurs, quel est celui de ces deux
moyens qu'il convient de préférer.

Le programme devra encore déterminer un délai ,
pendant lequel ceux qui voudront concourir seront
tenus d'en faire la déclaration au secrétaire du comice.

Il devra aussi, suivant la nature des primes et des
récompenses proposées , organiser les moyens propres
à préparer le jugement du concours et à déterminer
le mérite des concurrens.

Ces moyens consistent à nommer un ou plusieurs
jurys , qui visitent les cultures des concurrens , qui
procèdent, s'ils le jugent convenable, en leur présence
et prennent , soit auprès d'eux , soit auprès de
tierces personnes de la localité tous les renseignemens
qu'ils croient nécessaires et les consignent , avec leur
avis , dans un rapport motivé , qui doit servir à
éclairer le comice.

Après avoir procédé au jugement du concours, les

comices fixeront l'époque de la séance solennelle, dans laquelle les primes et récompenses seront décernées.

Les règlemens de certains comices déterminent, à l'avance, les époques de leurs divers travaux et veulent, par exemple, que le programme soit publié dans le mois de janvier, que les concurrens se fassent inscrire jusqu'au mois d'avril, que les commissaires ou les jurys soient nommés et fassent leurs tournées en mai, juin et juillet, que le concours soit jugé au mois d'août et la séance solennelle, pour la distribution des primes, tenue en septembre.

Il nous a paru, Messieurs, qu'une infinité de motifs et de circonstances pouvaient déranger ces prévisions, et que déterminer ainsi des époques fixes c'était créer des embarras qui pourraient gêner la marche d'une institution naissante. Laissons au zèle des comices le soin d'introduire plus tard cette régularité dans leurs opérations.

Le projet contient encore plusieurs dispositions relatives aux primes, et qu'il suffit de vous signaler, en passant, pour vous en faire comprendre l'utilité.

On ne doit des primes purement gratuites qu'à ceux qui sont dans l'impossibilité de se soumettre aux conditions de l'association et d'y apporter le tribut de leur cotisation personnelle : c'est par ce motif que tout individu qui paiera 40 francs d'impôts et au-dessus ne sera pas admis au concours s'il n'est membre du comice.

Les primes sont des récompenses personnelles, qui doivent être exclusivement attribuées à l'homme industrieux, qui a travaillé pour les mériter ; les fermiers qui en obtiendront ne les partageront pas avec leurs maîtres.

Les propriétaires qui font valoir par des domestiques seront même invités à leur en faire part, dans la

proportion du contentement qu'ils éprouvent de chacun d'eux.

Celui qui aura reçu une prime pour un genre de
culture quelconque, ou pour tout autre objet déterminé, ne pourra plus en obtenir une nouvelle pour
l'objet qui la lui aura méritée, le même objet ne
pouvant concourir deux fois ; mais s'il l'a maintenu,
entretenu, renouvelé et augmenté avec persévérance
et mieux qu'aucun autre, il aura pour récompense
une mention d'honneur, constatée par le don d'une
médaille de bronze.

Il peut arriver que parmi les membres du comice
qui auront obtenu des primes il s'en trouve qui, plus
flattés de l'honneur de les avoir méritées que des
récompenses pécuniaires qui y sont attachées, consen-
tiront à se mettre hors de concours et à faire l'abandon
de la prime à celui qui l'aura le plus méritée après
eux, si c'est un simple laboureur, ou qui croiront
devoir l'affecter à la fondation d'une nouvelle prime,
pour être décernée l'année suivante. Cette conduite
généreuse devra être honorablement proclamée et constatée encore par le don d'une médaille de bronze.

Un des plus puissans moyens pour obtenir des
améliorations est de répandre les procédés reconnus
avantageux par l'expérience, et c'est dans ce but que
nous avons cru devoir soumettre tous ceux qui obtiendront des primes à faire connaître les moyens et
procédés qu'ils auront employés pour les cultures et
les objets qui les leur auront méritées, et ce, sous
peine d'en être privés.

Nous ne devions pas négliger un des meilleurs moyens
d'exciter l'émulation dans les campagnes et d'honorer
les travaux agricoles.

Lorsque les comices jugeront convenable d'établir des concours de charrues et de proposer des primes pour l'élève des bestiaux et l'amélioration de leurs races, ces concours auront lieu, et les récompenses seront décernées dans une fête agricole, qui sera célébrée successivement dans les cantons de l'arrondissement qui présenteront le plus grand nombre de membres du comice. Les prix de moralité à décerner aux valets de ferme leur seront remis dans cette solennité.

Il sera pourvu aux frais de ces fêtes par une cotisation volontaire entre les membres du comice, sans qu'ils puissent être pris sur le montant de la cotisation annuelle ou des subventions uniquement affectées à la fondation des primes.

Enfin, Messieurs, votre Société, destinée à imprimer le mouvement à cet ensemble d'institutions agricoles et à constater les résultats de leurs travaux, devra se faire représenter, dans toutes les séances solennelles que les comices tiendront hors du lieu de sa résidence, par un ou plusieurs de ses membres, qu'elle députera à cet effet. Elle devra aussi faire insérer dans ses mémoires l'analyse des travaux particuliers de chaque comice, les programmes des primes qu'ils auront proposées et les procès-verbaux de leurs distributions, pour livrer ainsi à une honorable publicité les noms des propriétaires et cultivateurs qui auront bien mérité du pays et se seront empressés d'entrer franchement dans les voies d'amélioration et de progrès destinées à régénérer notre agriculture.

Je devrais peut-être ici, Messieurs, m'excuser d'avoir trop long-temps fatigué votre attention ; mais j'ai encore une dernière proposition à vous faire ; elle excitera, je l'espère, toutes vos sympathies, et je me félicite d'avoir à couronner ainsi dignement la tâche qui m'a été confiée.

Que cette médaille, que vous proposerez pour récompense au travail éclairé, serve aussi à acquitter la dette du pays envers la mémoire d'un de ses plus illustres enfans, en attendant que la munificence du Gouvernement et la reconnaissance de nos concitoyens lui élève, sur une de nos places publiques, un monument plus digne de sa gloire.

Qu'elle offre à la vénération des cultivateurs que vous jugerez dignes de cette distinction : les traits de CHAPTAL, qui nâquit, comme eux, d'un père laboureur, au milieu d'une exploitation rurale, qui apprit à diriger la charrue de ses mains encore débiles, et qui plus tard s'éleva, par son mérite, au faîte des illustrations et des grandeurs.

Ce bronze muet aura son éloquence, et la France entière applaudira au choix d'un si noble sujet d'encouragement.

# RÈGLEMENT

## POUR L'ORGANISATION

# DES COMICES AGRICOLES

### DANS LE DÉPARTEMENT DE LA LOZÈRE.

---

### ARTICLE PREMIER.

La Société d'agriculture, commerce, sciences et arts de la ville de Mende, chef-lieu du département de la Lozère, sera le centre d'action de toutes les institutions départementales qui auront pour objet le perfectionnement de l'agriculture et les encouragemens à donner pour parvenir à cet important résultat.

### ARTICLE 2.

Il sera établi, comme dépendances de cette Société, un comice agricole dans chaque arrondissement.

### ARTICLE 3.

Les comices se composeront de tous les propriétaires et fermiers de l'arrondissement qui voudront en faire partie, et qui se feront inscrire, soit au secrétariat de la préfecture ou de la sous-préfecture, soit chez les secrétaires des comices, lorsqu'ils se seront constitués et auront organisé leur bureau.

### ARTICLE 4.

Tout propriétaire ou fermier qui voudra faire partie d'un comice s'obligera à payer une cotisation annuelle de cinq francs. Le montant des cotisations ne pourra être affecté qu'aux menus frais des comices et à fonder des primes d'encouragement, qui seront distribuées aux cultivateurs de l'arrondissement.

### ARTICLE 5.

En établissant une cotisation uniforme pour tous les membres des comices, il est bien entendu qu'on n'a pas voulu imposer des bornes à la libéralité de ceux qui voudraient contribuer pour une plus forte somme ou qui se proposeraient de fonder eux-mêmes des primes qu'ils soumettraient à l'approbation et au jugement du comice. Tous les dons concernant cet objet seront reçus avec reconnaissance, et les noms des fondateurs seront honorablement mentionnés dans les procès-verbaux et programmes des comices.

### Article 6.

La Société d'agriculture de Mende confondra, dans un même crédit, toutes les subventions que l'État et le département destineront à l'encouragement de l'agriculture.

Elle prélèvera sur ces subventions les frais relatifs à l'impression de ses mémoires, dans lesquels seront insérées des analyses des travaux des comices, ses frais de bureau, tous ceux relatifs à l'entretien de son jardin d'expériences, à l'augmen-tation de ses collections, à l'acquisition de modèles d'instrumens perfectionnés et à la fondation de prix départementaux, s'il est jugé convenable d'en établir.

Le surplus sera distribué entre les divers comices, suivant l'importance de leur circonscription et le nombre de leurs souscripteurs pour être joint au montant des cotisations annuelles et servir à l'établissement des primes qui seront distribuées par chaque comice.

### Article 7.

Dès qu'il y aura vingt souscripteurs dans chaque arrondissement, ils seront convoqués pour se constituer en comice et procéder à la formation de leur bureau, qui se composera d'un président, d'un vice-président, d'un secrétaire et d'un trésorier, qui seront élus au scrutin et à la pluralité des voix.

### Article 8.

Les comices se réuniront une fois par mois : à Mende, dans le local consacré aux réunions de la Société d'agriculture ; à Marvejols et à Florac, à l'hôtel de la sous-préfecture ou dans les locaux qui seront ultérieurement désignés.

Ils seront présidés par M. le Préfet ou par MM. les Sous-préfets, dans leurs arrondissemens respectifs, et en l'absence de ces fonctionnaires, par leur président ou vice-président.

Ils ne pourront s'occuper que d'économie rurale et domestique. Toute autre délibération leur est interdite.

Le secrétaire fera la correspondance, rédigera les procès-verbaux des séances, qui seront consignés, par ordre de date, dans un registre à ce destiné; il sera le conservateur des archives.

Le trésorier percevra, le montant des cotisations et des subventions accordées aux comices; il rendra ses comptes annuels devant une commission, composée du président ou vice-président, du secrétaire et de trois autres membres, nommés à cet effet.

### Article 9.

Tout habitant propriétaire ou fermier, payant 40 francs d'impôt dans le département ou ailleurs, qui ne fera point partie du comice ainsi que tout membre qui n'aura pas payé exactement sa cotisation dans' le délai prescrit ne pourront concourir pour la distribution des primes non plus que leurs métayers ou fermiers.

### Article 10.

Tout membre du comice qui laissera arriérer deux années de cotisation cessera d'en faire partie et sera rayé de la liste à la fin de la deuxième année.

### Article 11.

Dès que le secrétaire de chaque comice aura effectué le recouvrement des cotisations, le bureau du comice se réunira pour certifier le bordereau des fonds en caisse et transmettra ce bordereau au secrétaire perpétuel de la Société d'agriculture.

### Article 12.

Sur le vu des bordereaux constatant le montant des cotisations recouvrées dans chaque comice, la Société d'agriculture fera entre eux la distribution dont il est parlé à l'article 6 ci-dessus, et dans les proportions qui y sont indiquées.

## ARTICLE 13.

Dès que le bureau du comice aura connaissance du montant des sommes dont il pourra disposer il convoquera le comice pour faire le programme des primes et récompenses à distribuer. Ce programme en déterminera le nombre et la quotité, fixera l'étendue que devra avoir chaque culture pour être admise à concourir ainsi que toutes les autres conditions du concours. Il indiquera un délai pendant lequel ceux qui voudront concourir seront tenus d'en faire la déclaration au secrétaire du comice et il organisera, suivant la nature des primes et des récompenses proposées, les moyens propres à déterminer le mérite des concurrens et à préparer le jugement du comice.

## ARTICLE 14.

Les primes seront plus multipliées que considérables, afin que le plus grand nombre possible de cultivateurs puisse y prendre part.

## ARTICLE 15.

La Société d'agriculture publiera une instruction dans laquelle elle déterminera, dans l'ordre qui lui paraîtra le plus rationel et le plus convenable aux localités, les objets qui devront être encouragés par des primes. Les comices seront invités à présenter leurs observations sur ce travail et à proposer toutes les modifications et additions qu'une étude plus approfondie des intérêts et des besoins locaux pourra leur suggérer.

## ARTICLE 16.

Les fermiers qui obtiendront des primes pour quelque espèce de culture que ce soit, ne les partageront point avec leurs maîtres.

## ARTICLE 17.

Les propriétaires qui font valoir par des domestiques et qui obtiendront des primes, seront invités à leur en faire part, dans la proportion du contentement qu'ils éprouvent de chacun d'eux.

### Article 18.

Celui qui aura reçu une prime pour un genre de culture quelconque ou pour tout autre objet déterminé, ne pourra plus en obtenir une nouvelle pour le même objet qui la lui aura méritée ; mais s'il l'a maintenu, entretenu, renouvelé et augmenté avec persévérance et mieux qu'aucun autre, il aura pour récompense une mention d'honneur, constatée par le don d'une médaille en bronze.

### Article 19.

Celui qui aura mérité une prime et qui consentira à se mettre hors de concours et à en faire l'abandon à celui qui l'aura le mieux méritée après lui, si c'est un simple laboureur, ou qui en affectera le montant à la fondation d'une nouvelle prime à décerner l'année suivante, aura aussi pour récompense une mention d'honneur, constatée par le don d'une médaille en bronze.

### Article 20.

Tout cultivateur de l'arrondissement, ou membre du comice agricole, auquel il sera accordé une prime pour un objet quelconque, sera tenu de faire connaître les moyens ou procédés qu'il aura employés pour la culture ou l'objet qui la lui aura méritée, sous peine d'en être privé.

### Article 21.

Lorsque les comices jugeront convenable d'établir des concours de charrues et de proposer des primes pour l'élève des bestiaux et l'amélioration de leurs races, ces concours auront lieu, et les récompenses seront décernées dans une fête agricole qui sera célébrée successivement dans les cantons de l'arrondissement qui présenteront le plus grand nombre de membres du comice. Les prix de moralité à décerner aux valets de ferme seront exclusivement donnés dans cette fête.

### Article 22.

Il sera pourvu aux frais que pourront occasionner ces fêtes agricoles par une cotisation volontaire entre

les membres du comice, sans qu'ils puissent être pris
sur le montant de la cotisation annuelle ou des subventions uniquement destinées à la fondation des primes.

### Article 23.

La Société d'agriculture se fera représenter, dans
toutes les séances solennelles des comices et dans les
fêtes agricoles qui se tiendront hors du lieu de sa
résidence, par un ou plusieurs de ses membres, qu'elle
députera à cet effet.

### Article 24.

La médaille départementale qui sera décernée aux
propriétaires et cultivateurs qui auront obtenu des
mentions honorables, portera sur l'un de ses côtés
l'effigie de Chaptal.

### Article 25.

Le présent règlement, ainsi que les programmes des
primes et récompenses à distribuer, seront soumis à
l'approbation de M. le Préfet, et ensuite imprimés,
publiés et répandus dans toutes les communes du
département.

Pour copie conforme :

*Le Secrétaire perpétuel*,

**J. J. M. IGNON.**

*Vu et approuvé par nous Préfet de la Lozère.*

*Mende, le 18 novembre 1839.*

**A. DELON.**

# NOTICE

## SUR UNE VARIÉTÉ DU BLÉ DE SAINTE-HÉLÈNE,
### OU BLÉ MONSTRE ;

PAR M. LE B. C. D'HOMBRES, MEMBRE CORRESPONDANT.

CE n'est point sur des essais que l'on peut bien juger une culture nouvelle, on réussit toujours, quand on opère en petit. Je viens de faire ma troisième récolte de blé, dit de *Ste-Hélène*, ou *Monstre :* je l'ai semé dans le même enclos, j'ai cherché à apprécier les effets de la température et des soins que je lui ai donnés, et je puis le considérer comme avantageux à cultiver dans ce pays. J'ai pensé que les détails dans lesquels je vais entrer pourraient intéresser mes savants confrères, et je m'empresse de les leur adresser.

Au commencement de février 1837, un de nos amis inséra dans une lettre quelques grains de blé qu'il qualifiait de *Monstre* ; j'ai trouvé qu'il ressemblait assez au blé de *Ste-Hélène*, propagé par M. Noisette. Je préférerai ce nom, mais c'est peut-être une variété de celui-ci, due à la nature du terrain, à la culture ; les agronomes en décideront.

La saison était bien avancée, je m'empressai cependant de sulfater mes grains, et je les plantai, à trois décimètres de distance, sur une seule ligne dans mon jardin, afin de les mieux surveiller ; le terrain est argilo-calcaire, mais bien amendé.

Pour remédier au défaut de pluie, pendant l'été, je

8

les fis arroser plusieurs fois ; malgré cela mes plantes poussèrent mal, restèrent basses, et me fournirent des épis grèles. Ni la hauteur de la paille, ni le nombre des épis, ni la quantité, ni la grosseur des grains n'avaient rien de monstrueux ; mais quelques grains de froment ordinaire semés aussi tard, avec les chaleurs et la sécheresse que nous éprouvâmes, auraient moins fait encore.

Je gardai toute ma petite récolte, pour semer l'année suivante, ce que je'fis en novembre dans le même terrain, sur trois rangs espacés de 2,50 centimètres.

Dès le printemps 1838, mon blé en herbe était plus touffu, et d'un vert plus tendre que le blé du pays. En mai, quand les épis commencèrent à se former, je fus étonné de la rapidité avec laquelle mes plantes s'élevèrent, et du nombre de tiges qui partaient de la même racine ; j'en comptai jusqu'à 26 sur la même. En juin, lorsqu'elles eurent pris toute leur croissance, elles avaient 1,95 centimètres, et les épis variaient de 95 à 100 grains chaque, notez que la sécheresse avait été très-forte pendant les huit premiers mois de 1839, et qu'en opérant un peu plus en grand je ne voulus pas faire arroser.

Je fis part à quelques amis du produit de ma petite récolte, mon père en présenta un épis à la Société royale et centrale d'Agriculture, et j'en gardai pour moi 0,8 litres.

Les pluies presque continuelles de l'automne de 1839 firent différer toutes les semences dans ce pays, quand la pluie cessait, les terres en général étaient trop humectées ; il pleuvait de nouveau avant qu'elles fussent prêtes, ce qui contraria beaucoup les agriculteurs.

Pour une minime quantité, je choisis un jour vers la fin de décembre ; le terrain, sa préparation, la manière de semer furent comme les années précédentes, excepté

que je séparai chaque grain de 3,50 centimètres ; je n'ar-
rosai point. Je fis les mêmes observations qu'en 1838,
sur les touffes du blé de *Ste-Hélène*, la largeur des
feuilles, leur beau vert, la croissance rapide et le
nombre des tiges.

Presque toutes égales, leur hauteur moyenne était
de 2,10 centimètres, leur grosseur près de terre 5 millimètres et leur nombre de 22 à 30 pour chaque grain. Si
la Société le désirait, je pourrais lui envoyer un ou deux
de ces trochets et justifier que je n'amplifie rien en avan-
çant qu'un grain en a produit 2,400.

Quelqu'énorme que paraisse ce résultat, il est de
moitié au-dessous de celui qu'a donné à Mende, chez
M. Borrelli de Serres, le Seigle multicaule ( Stauden-
korn ). Le trochet que l'on conserve et que j'ai vu à la
Société d'Agriculture, était le produit de deux grains,
il a 129 épis de 85 à 95 grains chacun.--5,800 pour un.

Ce sont ici je le répète des expériences en petit, mais
si un champ considérable semé de ces grains, nous rendait non pas le dixième, mais le centième, de ces
produits, ce serait encore très-beau.

L'année prochaine j'examinerai la qualité et la quantité de la farine que rend le blé de *Ste-Hélène*, je n'en
ai pas encore assez pour cette expérience.

(St-Hypolite, le 20 juillet 1840).

# NOTICE

*Sur des instrumens aratoires perfectionnés, et sur la
méthode à suivre pour leur introduction graduelle
dans le département de la Lozère ;*

Par M. le Conseiller IGNON, Membre correspondant.

Messieurs,

La Société m'a invité à prendre des renseignemens
auprès de M. Lacaze pour faire un choix de quelques
instrumens aratoires perfectionnés qu'il conviendrait
d'acquérir, pour les mettre en usage dans les cultures de
notre département.

J'ai eu une conférence à cet égard avec ce fabricant
distingué, qui ne s'intéresse pas moins au progrès général de l'agriculture qu'à la prospérité de son industrie
personnelle, et qui se plaît à entretenir des relations
avec les Sociétés agricoles et à leur communiquer le fruit
de sa longue expérience, dans une spécialité si importante.

M. Lacaze est aussi agriculteur, et de là vient sans
doute que connaissant, mieux que beaucoup d'autres,
le but des opérations agricoles et l'insuffisance des moyens
qu'on emploie communément pour l'atteindre, il est
constamment sollicité à apporter de nouvelles améliorations dans les objets de sa fabrication.

Ses avis peuvent être d'autant plus utiles, pour vous
éclairer dans le choix que vous avez à faire, que parmi

les terrains qu'il exploite il en est un, situé dans les garigues de Nismes, qui, par la nature du sol, sa profondeur, sa pente et les pierres qui l'encombrent, a la plus grande analogie avec nos causses de moyenne qualité et leurs versants ; d'où la conséquence que les instrumens qu'il emploie avec avantage pour la culture de ce terrain peuvent devenir d'un usage général dans la Lozère.

D'après ces données, les seuls qu'il vous propose d'acquérir sont :

1.o La petite Charrue de Roville pour une paire de bœufs, avec soc, versoir et contre en fer-acier, de son invention, du prix de 72 fr.

2.o Une Herse perfectionnée à dents de fer avec sa chaîne d'attelage, du prix de 49 fr.

3.o Une Houe à cheval, pour un seul cheval, du prix de 42 fr.

L'adoption de ces instrumens ne fera pas proscrire l'usage de notre Araire qui devra être employé, comme par le passé, à labourer les terrains peu profonds, pierreux ou trop en pente, et qui se combinera, pour la culture des terres de meilleure qualité, avec l'emploi des instrumens perfectionnés. S'il s'agit par exemple de faire un défrichement, la première œuvre que nos cultivateurs appellent *Reilla*, et qui ne fait qu'ouvrir la terre et soulever les mottes, sera faite avec l'Araire local ; la seconde, avec la Charrue Rovilienne, qui par la forme de son versoir renversera les mottes au fond du sillon.

Les semailles seront faites ou avec le Griffon de M. Lacaze que la Société possède déjà, ou avec la Herse ; un premier coup de Herse ameublira la terre et un second couvrira la semence. Ces procédés, plus conformes aux règles de l'art, offriront une économie considérable de temps et de dépense et une augmentation de produit, à cause de leur incontestable supériorité d'exécution.

Dans les cultures sarclées, comme Pommes de terre, Betteraves, Colza, Maïs etc., qu'on aura soin de planter ou de semer en lignes espacées de 7 décimètres, la Houe à cheval servira à biner, et l'Araire local à butter.

Ces quelques instrumens, d'un prix modéré, et qui deviendra bien plus modique encore lorsqu'on les fabriquera sur les lieux où le bois et la main-d'œuvre sont à meilleur marché, peuvent faire faire à notre agriculture un premier pas dans la voie du progrès. Que leur emploi, raisonné, prépare donc cette heureuse révolution qui doit amener nos cultivateurs à adopter les nouvelles méthodes, ou du moins à améliorer d'une manière sensible celle à laquelle ils sont attachés par un usage immémorial et que les maîtres de l'art ont peut-être trop dédaigneusement flêtrie du nom de méthode routinière.

L'enthousiasme irréfléchi de la nouveauté est un préjugé non moins dangereux que le respect servile du passé, soumettons tous les systêmes à l'épreuve d'une analyse sévère.

Ne restons pas stationnaires, prenons la méthode dite routinière pour point de départ ; pour but, la méthode perfectionnée ; mais gardons nous de vouloir substituer incontinent l'une à l'autre. L'expérience a prouvé que cette méthode perfectionnée n'est immédiatement applicable que pour ceux qui ont des capitaux disponibles ou qui peuvent faire l'abandon temporaire de leurs revenus. La voie du progrès serait donc fermée au plus grand nombre, si des agriculteurs, aussi savans en théorie qu'habiles dans la pratique, n'avaient indiqué le moyen de placer, entre ces deux points extrêmes, une méthode préparatoire et de transition qui, conservant tout ce qu'il y a

de bon dans les usages de la routine, corrige graduelle-
ment ce qu'ils ont de vicieux et met les cultivateurs à
même d'arriver, sans secousse et sans augmentation
notable de dépense, à ce degré de perfection que les plus
arriérés ont intérêt à atteindre et que les plus avancés
ne pourraient chercher à dépasser sans danger.

Voilà, Messieurs, la méthode qu'il faut rechercher et
formuler, et que vous devez faire adopter aux cultivateurs de la Lozère par l'autorité de vos conseils ; et surtout par celle de vos exemples.

Fondée sur l'observation attentive des faits, elle sera
exacte dans ses déductions, facile dans son application,
prudente dans ses procédés, progressive dans sa marche
et certaine dans ses résultats.

Lorsque je veux m'en faire une idée précise dans son
application à nos localités, je me la représente comme le
résultat d'une sentence arbitrale que rendraient, comme
amiables compositeurs, d'une part, M. Mathieu de
Dombasle et de l'autre notre estimable collègue M. Chevalier du Tuf, expression la plus intelligente de la
méthode routinière parvenue à son plus haut degré de
perfection possible.

Si le savant distingué qui a rendu les plus éminens
services à l'agriculture, par la direction qu'il a imprimée
à l'école de Roville, par ses inventions et par ses ouvrages,
était envoyé dans la Lozère pour constater l'état de notre
agriculture, et pour nous éclairer de ses conseils, vous
le verriez, je n'en doute pas, aller demander d'utiles en-
seignemens à l'expérience octogénaire de votre collègue,
et étudier, dans ses moindres détails, cette importante
exploitation qu'il dirige depuis un demi siècle avec tant
d'ordre, de régularité et de succès ; avec quel intérêt ne
verriez vous pas encore l'inventeur de cette Charrue

perfectionnée, que vous allez acquérir, démontrant au doyen de nos laboureurs les avantages de sa moderne invention et lui apprenant à la diriger de ses mains patriarcales. Cette supposition que je viens de faire ne pourrait elle pas être présentée au Gouvernement comme un vœu réalisable et ne serait-il pas digne de la bienveillante sollicitude de M. le Ministre de l'Agriculture et du Commerce, de donner à un savant agriculteur la mission temporaire de venir éclairer sur leurs véritables intérêts les cultivateurs d'un département pauvre et arriéré comme le nôtre ? Cette mesure ne serait-elle pas pour le moins aussi rationnelle que celle proposée par d'honorables députés, qui veulent faire éclairer le Gouvernement par des agriculteurs élus. L'élection ne donne-t-elle pas déjà aux intérêts agricoles des représentans dans la commune, dans l'arrondissement, dans le département, à la Chambre des députés. En dehors de cette représentation officielle, l'administration ne consulte-t-elle pas avec fruit les Comices et les Sociétés d'agriculture; faut-il donc multiplier à l'infini les rouages d'une administration déjà si compliquée et l'entourer de tant de Conseillers qu'elle ne saura bientôt à qui entendre? Mais je m'aperçois, Messieurs, que je m'éloigne de mon sujet ; hâtez-vous donc de mettre aux mains de nos laboureurs les instrumens accélérateurs du travail; apprenez leur la manière de s'en servir et de les utiliser selon les divers besoins de leur exploitation, et vous aurez rendu au pays un service incontestable.

# PENSÉES ET CARACTÈRES (*);

## Par M. BOUYON, Président.

Vous ne diriez pas si souvent que la critique est aisée, si vous saviez mieux distinguer la bonne et la mauvaise.

———

Avant de soupçonner l'ancien ami qui vous a toujours donné des preuves de son attachement, réfléchissez bien; car ici la méprise serait aussi fâcheuse pour vous qu'elle aurait été cruelle pour lui.

———

Si, en ma vie, j'ai quelques instants agréables, je ne les tiens ni de vous gens à longues jérémiades, ni de vous grands sermonneurs, ni de vous discoureurs éternels.

———

Vous qui savez ce qu'il va m'en coûter pour vous demander une grâce, dans mon pressant besoin que vous connaissez bien déjà, ôtez-moi donc cet énorme poids qui m'étouffe. Mais non, vous attendrez avec cruauté que l'humble supplication sorte de mes lèvres tremblantes.

———

Je ne vous blâmerai point de vous être donné le plaisir d'apprendre des vers; mais si vous allez joindre à la manie de les débiter, le manque d'à propos, votre conversation deviendra insupportable; surtout lorsque vous

———

(*) Huitième suite.

accompagnerez les beaux vers des autres de quelques uns de vos mots faisant disparate.

———

On peut bien faire quelques observations sur la précocité des talents aujourd'hui ; mais ce que l'on ne saurait contester, c'est la précocité de hardiesse et de présomption.

———

A quelque degré que vous mettiez l'intrigue d'un homme sans esprit, ou, comme on dit, sans moyens, eût-il même certains dehors favorables, elle se montrera bientôt assez clairement pour que son effet soit atténué.

———

C'est toujours perdre son tems que de chercher à faire distinguer les couleurs par un aveugle.

———

Quelle sottise vous venez de faire, jeune homme ! n'ayant de la fortune ni vous ni votre compagne, comment n'avez-vous pas prévu que vous alliez bientôt vous trouver dans l'embarras ? Il est inconcevable que l'on ne réfléchisse pas un peu. Ne pourrait-on pas répondre quelquefois au moraliseur : vous en parlez fort à l'aise ; à votre tour, ne devriez vous pas considérer que les réflexions sont bien souvent impuissantes. Certes je suis loin de dédaigner les conseils du parent et de l'ami, nul ne les apprécie plus que moi ; mais je soutiens qu'il est des circonstances où il serait encore bon de dire : n'ont-ils pas, ces jeunes gens, des bras pour travailler ? S'il leur survient des peines, ils sauront les adoucir, en les partageant.

———

Ils m'amusent singulièrement, me disait une femme instruite, les hommes-perroquets.

———

Tel sait fort bien marcher lui même, qui ne sera jamais assez habile pour faire marcher les autres.

———

Je donne volontiers l'image à celui qui fait sa bonne action avec un désintéressement complet.

———

Il serait fortement à désirer que le Conteur eût aussi bonne mémoire que ceux qui l'écoutent.

———

Si une lettre à écrire, si une affaire à terminer nous offre quelque difficulté ou nous fait pressentir quelque peine, nous la remettons... nous la remettons...; nous ne voulons pas apprendre que ce qui est difficile aujourd'hui, devient ordinairement plus difficile demain, plus encore après demain; et que pendant tout le tems que nous laissons écouler, nous sommes poursuivis par une idée pénible qui, se mêlant à ce que les différentes circonstances peuvent nous donner d'agréable, vient pour ainsi dire, tout empoisonner.

———

Un des bons moyens de toujours faire marcher droit les autres, c'est de ne jamais biaiser soi-même.

———

L'homme qui s'est bien étudié lui-même, aura une grande facilité pour apprendre à connaître les autres.

———

S'il est contre le respect religieux et contre la bienséance de faire la conversation pendant les Offices divins, il est aussi ridicule que peu séant de plaisanter et rire dans un convoi funèbre.

———

Sans négliger les détails, un bon chef s'y arrête peu; mais il a su donner à chacun des points essentiels de l'œuvre, une couleur assez marquante pour lui faire distinguer dans son coup-d'œil, la manière dont chaque partie vient concourir à la formation d'un bon tout.

———

Celui qui lit ses productions en public, se trouve quelquefois dans la déplaisante alternative, d'exposer ceux de ses auditeurs qui sont à une certaine distance, à ne pas toujours l'entendre, ou de ne pas lire convenablement au sujet : les pensées, par exemple.

———

Le soleil des grands éblouit facilement ceux qui sortent de l'obscurité.

———

A table, offrez mais ne pressez pas ; à moins qu'étant physionomiste, l'insistance ne soit chez vous l'effet d'une remarque qui la demanderait.

———

Heureusement qu'il y a dans le monde assez peu de gens capables d'inventer la poudre ; eh ! nous serions toujours en guerre.

———

En considérant la vie de l'homme, je me dis : du berceau à la tombe, il n'y a qu'un pas.

———

Vous qui écrivez, parlez le moins possible de l'objet qui vous occupe.

———

Lorsque la bouche de Virginie me souhaite le bonjour, ses yeux ont analysé déjà tout mon appartement.

———

Qu'il est beau le caractère de l'homme que le bonheur des autres rend heureux !

———

Je dirai à qui devra l'entendre : pour être quelquefois

un petit *Sancho*, gardez-vous bien de vous croire un *Sénèque*.

------

Comment ne pas aimer celui qui nous trouve aimables, disait un jour la naïve Angélique.

------

Ils sont terribles les yeux de la méchanceté.

------

N'avez-vous pas remarqué que notre tristesse gagne plus facilement que notre gaieté les personnes qui nous entourent ?

------

Sans la dépendance mutuelle, point de société possible. Voyez l'homme qui n'a besoin de personne, ou du moins qui le croit ; il est hautain, dur, il n'a point de flexibilité dans le caractère ; c'est un être insocial.

------

Convenons que bien des hommes ne redoutent pas assez cet humiliant propos : ce chef n'était pas fait pour l'être.

------

On dirait que ma jeune chatte a été élevée à l'école d'*Aline ;* après un bon coup de griffe, elle donne gracieusement sa patte de velours.

------

Ne donnons jamais la leçon lorsqu'il ne faut que l'avis, et ne nous bornons pas à l'avis lorsqu'il faut la leçon.

------

Quelquefois nous ririons, de la bonne comme de la mauvaise humeur de *Lucinde*, si nous pouvions en deviner la cause.

------

N'envions pas les moments de plaisir de l'écrivain, s'il n'a pas quelque facilité à écrire; c'est un rude métier que le sien.

———

Nous ne saurions avoir trop de réserve en parlant de notre religion ; car il est bien rare qu'elle ne reçoive injustement elle-même quelque atteinte de ce que nous nous permettons souvent de dire, avec légèreté, contre ses ministres.

———

Vous qui prétendez que chacun doit avoir le courage de son état, ne trouvez donc pas mauvais que l'homme religieux ait le courage du sien.

———

Il ne faut pas avoir étudié long-tems notre nature, pour trouver singulier celui qui veut soumettre à ses goûts les goûts de tous les autres.

———

Je me défierai toujours du prodige de six ans ; dussé-je me tromper quelquefois.

———

Dans quelque circonstance que ce soit, ne prenons jamais un ton que nous ne pourrions pas soutenir.

———

S'agit-il de juger du mérite d'un ouvrage ; que de juges il se présente ! tout le monde se déclare compétent.

———

Bien souvent le miscroscope humain est en défaut pour distinguer le désintéressement de ce qui n'en est que l'ombre.

———

Ne dites jamais du mal de quelqu'un, mais n'en dites jamais du bien. *Mathilde* s'accommode facilement du second point de notre pauvre maxime de société; mais le premier point est au-dessus de ses forces.

———

Voyez-vous ces deux personnages? Celui-ci se porte fort bien, mais il veut être malade; celui-là est véritablement malade, mais, à l'entendre, il se porte très-bien. Que je vous sais bon gré de l'avis, Monsieur, j'allais plaindre celui dont il fallait rire, ou me réjouir avec celui qu'il fallait plaindre.

———

Semblable au voyageur qui s'arrête un peu partout, le moraliste impatiente quelquefois ceux qui le suivent.

———

Vous croyez tout bonnement que cet apprenti-joueur calcule lorsqu'il s'arrête sur ses cartes : plus il regarde, moins il distingue; comme disent les écoliers, il n'y voit que du feu.

———

Il ne ferait pas très-bien mon chef, si, en m'écrivant, il prenait un ton qui pût me mettre sur sa ligne; mais qu'il ne me place qu'à la distance convenable. S'il doit commander de manière à être obéi, pourquoi la rudesse? Pourquoi dans les reproches, plus ou moins mérités, cette dureté d'expression qui humilie? A mon tour, je ne dois jamais manquer à la déférence, aux égards, et toujours la soumission au degré que les choses demandent. Tout ce que peut chez moi, relativement à mon chef, une bonne éducation, certaine position sociale, quelque savoir, c'est d'être un peu plus à mon aise dans mes relations avec lui.

Enfin, que le supérieur, ainsi que l'inférieur, n'oublie jamais que l'homme est homme avant tout,

———

Nous aimons tous qu'on nous dise quelque chose d'agréable , grand merci donc à celui qui nous donne ce petit plaisir-là ; mais pas de flagornerie.

———

Combien de mots qui ne sont des bêtises que par ce qu'ils sortent de la bouche d'un idiot !

———

Il me semble que si le Ciel m'avait donné quelque capacité , j'aurais senti vivement le coup de pied de l'âne.

———

Je ne voudrais pas être l'homme qui ne se tromperait jamais ; j'aurais trop d'orgueil.

———

*Doña Francisca* n'était ni belle ni jolie ; mais elle avait un air très-gracieux , exprimant surtout la bonté. Vertueuse, sans ostentation , elle avait encore cette piété franche et gaie , que nous aimons tous , que nous voudrions tous avoir ; et quelle égalité de caractère ! jamais elle ne supposait le mal ; s'il était avéré , elle tâchait d'en affaiblir la teinte, ou bien elle se taisait. Oui, elle était peu instruite ; mais la nature l'avait douée d'un esprit juste et fin : compensation heureuse. Notre très vif aurait été un homme calmeà côté du mari de *Doña Francisca :* à la moindre contrariété , il trépignait , il grinçait des dents…. Un jour il se trouvait hors de lui, sa chère amie entre , et avec un regard tendre , accompagné d'un léger sourire un peu mêlé de peine, elle le remet comme par enchantement dans son état naturel. Point de reproche. Il fallait voir cette charmante mère entourée de ses trois jeunes enfants: un lui sautant au cou, l'autre lui baisant la main à la mordre, l'autre fesant devant elle ses petites singeries ; la mère les caressant tour à tour. C'était pour moi, je m'en souviens, un spectacle délicieux. Elle

n'avait pas à l'égard des gens qui la servaient cette sorte
de familiarité qui nuit au bon service ; mais elle les
traitait toujours avec douceur et ménagement, très-
persuadée, quoique nous voulions en dire, que c'est une
triste et pénible condition que la domesticité. Déjà
bien des années heureuses s'étaient écoulées ; le revers
arrive, plus de fortune. Quelle position pour *Doña
Francisca !* montrant du courage au milieu de sa famille
infortunée, elle gémissait en secret : ce cher mari ! ces
pauvres enfants ! ce n'était pas d'elle-même qu'elle s'occupait. Mais un coup bien plus terrible lui était réservé.
A peine le tems commençait à rendre un peu moins
sensibles les privations, que le fléau destructeur appa-
raît ; la fièvre jaune lui ravit en un moment ses deux
filles et son époux. L'humanité ne résiste guère à de
telles secousses. Certes, elle ne manquait pas de rési-
gnation : car elle ne se permettait que de laisser tomber
de tems en tems quelques larmes sur la joue du mal-
heureux enfant qui lui restait. Après deux années de
langueur, celui qui console si bien les affligés, l'appela
pour lui donner sa récompense. Il me semble voir les
anges tout joyeux, s'empresser de mettre sur sa tête la
glorieuse couronne.

---

Tel a trouvé les connaissances qu'il est condamné à
toujours chercher l'esprit.

---

En allant trop vite, on trébuche ; et de là à la chute
quelquefois il n'y a pas loin.

---

Le grand plaisir que trouve *Clémence* à critiquer,
l'empêche de voir la peine que les autres en éprouvent.

---

Vous dites que c'est beaucoup, je dis, moi, que c'est peu de n'être pas instruit, quand on a des sentiments délicats et un bon jugement.

Je ne parle pas des personnes dont la profession exige le savoir.

———

Comment trouvez-vous la faveur qu'a reçue du Ciel notre joli monsieur? Lorsque les paroles sortent de sa bouche, il ne les sent pas.

———

N'allez pas trop loin dans vos complaisances. Cet avis, en vaut peut-être un autre.

———

Rien ne m'amuse tant que cet essaim de petites prétentieuses de l'époque, qu'on a la sotte manie et le courage ridicule de mettre sans cesse en présence de notre charmante *Sévigné*; cette femme si remarquable aux yeux de tout ce que le monde littéraire a produit de plus distingué, et dans les moments le plus heureusement fertiles : pour l'esprit et le goût, pour la délicatesse des sentiments, la finesse de l'expression, et surtout pour le rare et délicieux naturel. Bientôt nos inimitables modèles seront le minimum du talent; chez nous les femmes écriront au moins comme *Sévigné*. Ne riez pas si vous pouvez.

———

Gardez votre compliment s'il ne doit être que celui que vous faites à tous.

———

Nos résolutions sont bonnes, mais nous les prenons toujours pour le lendemain.

———

S'il est un âge où tous les points de notre corps sont

des points de douleur, que devient alors l'homme de la matière ?

———

Ecoutez mon cousin *Pinton*, qui a la fureur de jouer sur les mots :

Dans les grandes soirées de la haute société, une femme est d'autant plus habillée que ses nudités se montrent davantage.

———

Malheureusement pour l'humanité ils voguent clair-semés dans le vaste océan ( *sunt rari nantes in gurgite vasto* ), les gens dont les sentiments sont, en toute occasion, d'une délicatesse pure.

———

Ceux qui jouent de plusieurs instruments, ou comme on dit de tous les instruments, trouvent facilement une place dans nos petits concerts d'amateurs ; mais souvent c'est tant pis pour les oreilles musiciennes.

———

L'aigre *Lucinde* s'efforcerait en vain de rendre son caractère doux : c'est la tranche de citron ; on a beau la couvrir de sucre, toujours sa pointe piquante se fait jour.

———

Je ne sais, dit quelqu'un qui était tout-à-fait étranger aux règles de sa langue ; je ne sais ni pourquoi ni comment, mais il y a ici une faute, personne ne s'en doutait. On examine, on réfléchit, la faute est aperçue ; voilà comment la lumière nous vient quelquefois des ténèbres.

———

Tout comme tout évènement moralise aux yeux d'un

phibosophe, il n'est sot qui ne puisse instruire l'homme d'esprit.

————

Madame, j'aurai l'honneur de vous envoyer de la Charlotte.--Merci, Monsieur, Merci oui, merci non?--Vous ne voulez donc pas voir, Monsieur, que le mot n'est ici qu'un adoucissement honnête au refus déjà exprimé par mon geste et ma figure. Et si j'avais accepté votre offre obligeante, vous auriez pu voir encore que ce mot, toutefois employé alors assez mal, était le complément de l'expression saillante de toute ma personne. Abstenons-nous du merci oui, merci non; c'est jouer niaisement sur le mot, outre que c'est peu honnête.

————

Plus d'une fois j'ai été tenté de dire que nos esprits forts ne sont que de pauvres enfants à côté de l'homme du Ciel.

————

Calculons, fesons notre prix; mais ne lésinons pas avec l'honnête ouvrier; et en voyageant, sachons donner les petites étrennes d'usage, j'ai toujours entendu avec plaisir *le bon voyage, Monsieur*, dit d'un air content. Et si je reviens quel accueil! ils ont sur ce point la mémoire fort heureuse ceux qui servent.

————

Aujourd'hui les gens parlent tant de tout et avec une telle assurance, qu'il devient impossible de les connaître sans les avoir un peu étudiés.

# NOTE

### SUR QUELQUES AMÉLIORATIONS AGRICOLES
### INTRODUITES DANS LA COMMUNE DE LACHAMP;

## Par M. MARTIN, Notaire, a Marvejols (1).

M. Martin, notaire et adjoint de la ville de Marvejols, propriétaire d'un domaine au Mazet, commune de Lachamp, arrondissement de Mende, désirant en améliorer la culture et être utile au pays, s'est livré à plusieurs expériences agricoles.

Il a pensé que dans les lieux-mêmes où l'on fabrique la chaux en quantité, on devoit appliquer la méthode de fumer les terres avec cet engrais, employé avec tant d'avantages dans le Cantal et autres départemens.

### COMPOST DE CHAUX ET DE TERRE.

Il a composé son amendement ainsi qu'il suit : pour un champ d'un hectare, il a pris 1,500 kilogrammes de chaux vive qu'il a mélangée avec de la terre, ainsi qu'il suit : d'abord un lit de terre de trois décimètres d'épaisseur, recouvert d'une couche de chaux d'environ 5 centimètres, ensuite un second lit de terre recouvert de même, et enfin un troisième en tout semblable aux précédens, terminé par une dernière couche de terre ; il a laissé la chaux se fuser par la seule humidité de la terre, et au bout de deux ou trois semaines, il a fait changer de place tout le tas, à la pêle, ayant soin d'y procéder

---

(1) Cette note a été communiquée à la Société, dans sa séance du 31 octobre 1839, et mentionnée dans le compte rendu et dans le rapport sur les comices agricoles, (pages 18 et 42 du ce volume).

par un temps sec, et de le bien recouvrir de terre, pour s'en servir au moment des semailles.

L'amendement ainsi préparé, il a employé cet engrais à peu près comme le fumier ordinaire, ayant soin de le faire enterrer et recouvrir par un léger labour et par un temps sec. Cet engrais, qui doit servir pour trois récoltes, sans nouvelle fumature, a produit, pendant deux années consécutives deux récoltes en froment, ou en meteil, ( froment et seigle mêlés ).

### CULTURE DU COLZA.

M. Martin a introduit, dans le même village, la culture du *Colza*, qui était aussi inconnue que l'emploi de la chaux comme engrais.

Un hectogramme de semence de *Colza*, lui a produit un hectolitre six décalitres de graines qui lui ont donné près de trente trois kilogrammes d'huile de très-bonne qualité.

### PRAIRIES ARTIFICIELLES.

Il a quadruplé la quantité des fourrages artificiels qu'on semait habituellement dans son domaine. Malgré la sécheresse de deux années consécutives, les bestiaux qui devaient souffrir dans un pays naturellement sec, ont été, par ce moyen, abondamment pourvus de fourrages excellents.

Les paysans, ses voisins, qui, livrés à leur ancienne routine, désapprouvaient d'abord ce qui était pour eux des innovations, s'empressent de l'imiter ; il en est qui ont été très-satisfaits, cette année, d'avoir fumé certains de leurs champs avec le compost, d'après la méthode que M. Martin, s'est fait un plaisir de leur communiquer ; ils trouvent également une grande économie à faire eux-mêmes leur huile en semant du *Colza* qui réussit très-bien dans la commune de Lachamp.

# COURS D'AGRICULTURE

A ÉTABLIR

## A L'ECOLE NORMALE PRIMAIRE A MENDE,

SÉANCE DU 14 MAI 1840.

M. le Président donne lecture de la lettre de M. le Préfet, en date du 12 de ce mois, dont la teneur suit :

» Monsieur,

» L'administration cherche activement depuis quelque temps à introduire de nouvelles améliorations dans l'Ecole normale , afin de la rendre aussi utile qu'elle peut l'être.

» La création d'un cours théorique et pratique qui serait confié à un professeur spécial révélerait aux élèves-maîtres les perfectionnemens nouveaux et les bons résultats qu'ils produisent, et leur donnerait , à leur sortie de l'Ecole normale , les moyens de concourir au bien-être de la population par la fécondation du sol.

» Une Ferme modèle vient d'être organisée dans le domaine cédé au département par M. de Morangiés. Le directeur de cet établissement, ancien élève de l'Institution agronomique de Grignon , se chargerait de donner aux élèves-maîtres de l'Ecole normale de saines connaissances d'agriculture théorique et pratique.

» Le jardin loué par l'Ecole normale serait destiné aux expériences et aux leçons.

» Pour atteindre un but si utile, quelques sacrifices nouveaux seront nécessaires, car la situation financière du département ne permettra pas au Conseil général de concourir à la dépense que nécessitera cette adjonction. J'ai donc demandé à M. le Ministre de l'Instruction publique une allocation pour le traitement de la personne qui serait chargée de ce Cours d'agriculture, ainsi que pour les autres dépenses qu'entraînerait l'exécution de ce projet.

» Mais deux délibérations de la Commission de surveillance de l'Ecole normale deviennent à cet effet indispensables ; avant de les provoquer, je vous prie de vouloir bien me donner votre avis 1° sur le nombre et la durée des leçons à donner par semaine ; 2° sur les matières de l'enseignement ; je vous serai très-obligé de vouloir bien me faire parvenir le plutôt posssible votre réponse aux questions qui précèdent.

» Agréez, Monsieur, l'assurance de ma considération très-distinguée,

» *Le Préfet de la Lozère*,

A. DELON. »

La Société s'est occupée de suite de la réponse aux questions proposées par M. le Préfet.

Elle a reconnu que l'établissement d'un Cours théorique et pratique d'agriculture à l'Ecole normale serait d'une utilité incontestable pour tout le département, et elle ne peut qu'applaudir à la bienveillante sollicitude de M. le Préfet pour procurer au pays cette amélioration, dont le succès paraît d'autant plus assuré, que les expériences auront lieu dans une localité qui offre les variétés de culture et de terrains, indispensables pour bien apprécier les leçons du professeur.

Quant à la première question, elle pense qu'une seule leçon par semaine est suffisante ; mais que s'agissant de théorie et de pratique, la durée doit être de trois heures.

En ce qui concerne les matières de l'enseignement ; il doit embrasser ce qui constitue la *Science agricole*, c'est-à-dire 1º la production des plantes, 2º celle des animaux, et 3º l'économie rurale.

La première partie comprend les notions préliminaires sur la nature des plantes ; sur l'atmosphère, sur le climat, la connaissance du sol, des engrais, des instrumens, les semailles et les récoltes.

La deuxième concerne le bétail, et comprend la multiplication, l'élève, l'entretien et l'emploi des animaux domestiques utiles à la culture.

La troisième, ou l'économie rurale, s'applique plus spécialement à la direction d'une ferme et aux conditions nécessaires pour cultiver.

Ce cours doit également embrasser les élémens de l'horticulture, c'est-à-dire des notions de botanique sur les plantes qui servent à la nourriture de l'homme et aux arts ; leur culture et celle des arbres, etc.

Pour ce qui concerne l'agriculture, il conviendra, outre les leçons théoriques, que les élèves soient conduits quelques fois à la campagne pour y recevoir des leçons pratiques.

Les leçons pour l'horticulture pourront être données tantôt au jardin de l'école, tantôt au jardin d'expériences que la Société offre de mettre à la disposition de M. le Préfet, pour cet usage.

Conformément aux propositions de M. le Préfet, à celles du Conseil général du département de la Lozère, et de M. le Recteur de l'académie de Nismes, M. le Ministre de l'instruction publique a approuvé l'établissement d'un Cours d'agriculture, et inscrit au budget de l'Ecole normale, exercice 1841, une somme de mille francs pour le traitement du professeur qui en sera chargé.

# CONCOURS

POUR

## DES PRIMES D'ENCOURAGEMENT

A L'AGRICULTURE.

————◦————

Depuis son organisation, qui remonte à plus de 20 ans, la Société n'avait cessé d'exprimer le vœu de pouvoir être à même de distribuer des primes d'encouragement pour divers objets d'utilité publique, qui se trouvent consignés dans ses mémoires. Ces vœux, grâce à l'appui bienveillant de M. le Préfet et du Conseil général auprès du Gouvernement, viennent enfin d'être exaucés.

Elle s'estime heureuse de pouvoir ainsi exciter l'émulation, et de contribuer à l'amélioration de l'agriculture du département, encore si arriérée.

Elle s'est occupée, dans diverses séances, de cet objet important pour lequel elle a publié les programmes suivans :

### 1er PROGRAMME.

La Société d'Agriculture, Commerce, Sciences et Arts de la ville de Mende, chef-lieu du département de la Lozère ;

Vu l'allocation des subventions accordées par M. le Ministre de l'Agriculture et du Commerce ;

Vu sa délibération du 13 septembre 1839 ;

Vu les lettres de M. le Préfet de la Lozère, des 21 mars et 10 du courant ;

Vu le règlement approuvé par M. le Préfet, le 18 novembre 1839 ;

Arrête le programme suivant :

### Article premier.

Il y aura, cette année, à Mende, deux concours pour la distribution d'encouragemens à l'agriculture.

Ces concours sont fixés au 27 avril et au 2 novembre, et auront lieu sur le champ de foire de la ville de Mende, à trois heures de l'après-midi.

### Art. 2.

Les primes accordées pour le concours du 27 avril, seront réparties ainsi qu'il suit :

1.o Pour le plus beau Taureau . . . . . . 40 fr.

2.o Pour la plus belle Vache laitière. . . . 30 fr.

3.o Pour le plus beau troupeau de Moutons de belle race et ayant la laine la plus fine. . . 40 fr.

4.o Pour le plus beau mulet de deux ans . . 30 fr.

### Art. 3.

Les primes accordées pour le concours du 2 novembre seront réparties ainsi qu'il suit :

1.o Pour la culture de plantes textiles ou oléagineuses ou de prairies artificielles, les mieux soignées. . 30 fr.

2.o Pour le Valet de ferme ou garçon bouvier qui se sera fait remarquer por son assiduité au travail, son zèle, son intelligence, sa moralité et son long séjour sur la même exploitation rurale ou au service des mêmes maîtres. . . . . . . . . . . . . . . 30 fr.

Un nouveau programme fera connaître ultérieurement les autres primes qui seront distribuées le 2 novembre prochain.

## Art. 4.

Les primes mentionnées dant l'article 2 seront distribuées, sur la proposition d'un jury composé de cinq membres de la Société : lequel prononcera à la majorité des suffrages et pourra s'adjoindre un artiste vétérinaire, ayant voix consultative.

M. le Préfet sera prié, par le jury, de vouloir bien présider à cette solennité et de faire la distribution des récompenses.

## Art. 5.

Pour être admis au concours, il faudra être propriétaire dans le département et justifier, par la production d'un certificat délivré par le Maire de la commune, que les animaux destinés au concours ont été élevés dans la propriété du concurrent.

Les propriétaires qui produiraient des certificats contenant des faits faux seraient non seulement tenus de restituer les primes; mais encore privés de la faculté de se présenter aux concours qui auront lieu à l'avenir.

## Art. 6.

Le procès-verbal de la distribution des primes sera rédigé immédiatement et signé par les membres du jury, en double expédition, l'une pour être adressée à M. le Préfet et l'autre pour être déposée dans les archives de la Société.

Mende, le 10 avril 1840.

**BOUYON**, *Président.*

**J. J. M. IGNON**, *Secrétaire perpétuel.*

### Procès-verbal de distribution des primes.

Cejourd'hui vingt-sept avril mil huit cent quarante,

Le jury nommé par délibérations de la Société d'Agriculture, Commerce, Sciences et Arts de la ville de Mende, chef-lieu du département de la Lozère, des 20 juin 1839 et 22 avril courant, composé de MM. BLANQUET, D. M., président; ROUS, BOISSIER, BON, CHEVALIER et IGNON, secrétaire perpétuel, après s'être adjoint M. *Renaud*, artiste vétérinaire, s'est réuni dans l'une des salles de la maison de M. Rous, l'un de ses membres, située sur le champ de foire, à l'effet de procéder au jugement des divers concours pour primes d'encouragement à l'agriculture, dont le programme arrêté par la Société le 10 du courant avait été adressé et affiché dans toutes les communes du département, par la voie administrative, avec l'autorisation de M. le Préfet.

Le programme ayant été publié à son de trompe, à trois heures de l'après-midi, dans la ville et sur le champ de foire, il a été procédé à l'examen des animaux amenés.

1.º *Pour le Concours des Taureaux.*

M. *Cayroche*, propriétaire à Villeneuve, commune du Chastelnouvel, arrondissement de Mende;

M. *Portal* (Jean-Joseph), propriétaire et maire de Javols, arrondissement de Marvejols,

Ont présenté chacun un taureau, qui, quoique les plus beaux exposés en foire, n'ont pas paru réunir toutes les conditions voulues pour obtenir la prime; mais comme le délai pour connaître le concours a été trop court et que néanmoins il convient, pour la première fois, de décerner un encouragement quel-

conque , afin d'exciter l'émulation pour les concours
à venir , le jury a été d'avis d'accorder à ce titre :
25 fr. à M. Cayroche et 15 fr. à M. Portal.

2.0 *Pour le concours des Troupeaux de Moutons.*

M. *Cayroche* , de Villeneuve ,

M. *Jacques Galière* , de Chanturuéjols , commune
de Gabrias , arrondissement de Marvejols ,

M. *Pierre Etienne* , de la Brugeyre , commune de
Rieutort , arrondissement de Mende ,

Ont présenté , le premier quelques moutons ; le
second , deux moutons, et le troisième une brebis,
qui, quoique les plus beaux exposés en foire et d'un
lainage assez fin , n'ont pas paru mériter la prime ;
mais seulement un encouragement , d'après les mêmes
considérations que celles concernant les taureaux ; et
comme les bêtes à laine présentées par M. Cayroche
étaient plus nombreuses et se rapprochaient le plus
des conditions du programme, le jury lui a accordé
à ce titre , quinze francs.

Les récompenses obtenues par MM. Cayroche et
Portal ont été proclamées par le jury, en présence
d'un public assez nombreux, et payées immédiatement
par le trésorier de la Société , sur un mandat du
président.

Le concours pour les vaches laitières n'ayant pu avoir
lieu attendu qu'il ne s'est présenté aucun concurrent,
et celui des mulets n'en ayant offert qu'un seul qui,
quoique très-beau , n'avait pas été élevé dans le département , le jury a été d'avis de les renvoyer à la foire
prochaine de la Toussaint et de les comprendre dans
le nouveau programme qui sera publié à ce sujet.

Fait et clos, les jour , mois et an que dessus, le

présent procès-verbal, dont copie sera adressée à M. le Préfet , en lui témoignant les regrets du jury de ce que le peu de concurrens qui se présentaient n'offrait pas assez d'importance pour le prier de vouloir bien présider cette solennité.

Pour copie conforme :

*Le Secrétaire perpétuel ,*

**J. J. M. IGNON.**

### 2e Programme.

La Société d'Agriculture , Commerce, Sciences et Arts de la ville de Mende, chef lieu du département de la Lozère ;

Vu l'allocation des subventions accordées par M. le Ministre de l'Agriculture et du Commerce ;

Vu ses délibérations des 13 septembre 1839 , 11 juin et 17 septembre 1840 ;

Vu le programme et le procès-verbal du concours du 27 avril 1840 ;

Vu les lettres de M. le Préfet de la Lozère , des 21 mars et 10 avril 1840 ;

Vu le règlement approuvé par M. le Préfet, le 18 novembre 1839 ;

Arrête le programme suivant :

### Article premier.

Un nouveau concours, pour la distribution d'encouragemens à l'agriculture, aura lieu à Mende , le 2 novembre prochain , sur le champ de foire, à trois heures de l'après-midi.

### Art. 2.

Les primes à accorder pour ce concours seront réparties ainsi qu'il suit :

1.º Pour le plus beau Taureau. . . . . . 40 fr.

2.º Pour la plus belle Vache laitière. . . . 3o fr;

3.º Pour le plus beau troupeau de Moutons de belle race ayant la laine la plus fine. . . . 4o fr;

4.º Pour le plus beau Mulet de deux ans . . 3o fr.

Pour être admis à concourir, il faudra être propriétaire dans le département, et justifier, par la production d'un certificat délivré par le maire de la commune, que les animaux destinés au concours ont été élevés dans la propriété du concurrent.

ART. 3.

Des primes seront décernées par la Société, dans sa séance publique de 1841,

1.º A ceux qui auront récolté la plus grande quantité de graines de plantes oléagineuses;

2.º A ceux qui auront semé la plus grande surface, en plantes fourragères de prairies artificielles, telles que trèfle, luzerne, esparcet, comparativement à l'étendue de leurs terres arables;

3.º A ceux qui auront semé en chanvre le plus grand espace de terrain;

4.º A ceux qui auront fait des pépinières ou plantations les plus considérables d'arbres fruitiers, et principalement d'arbres résineux et autres forestiers;

5.º Au valet de ferme ou garçon bouvier qui se sera fait remarquer par son assiduité au travail, son zèle, son intelligence, sa moralité et son long séjour sur la même exploitation rurale et au service des mêmes maîtres.

Les concurrents devront justifier, par un certificat du maire de leur commune, pour les quatre premières primes, de l'importance des semis, récoltes ou plantations; et pour le valet de ferme, rapporter une attestation du propriétaire, certifiée véritable par le même fonctionnaire ; la Société se réservant de prendre d'autres renseignemens, s'il y a lieu.

Les diverses pièces concernant le concours de ces cinq dernières primes devront être adressées, par l'intermédiaire de MM. les Maires, à M. le Préfet, avant le 15 juillet 1841.

### Art. 4.

Les primes mentionnées dans l'article 2, seront distribuées sur la proposition d'un jury composé de cinq membres de la Société, lequel prononcera à la majorité des suffrages, et pourra s'adjoindre un artiste vétérinaire et de notables agronomes, ayant voix consultative.

### Art. 5.

Celles proposées par l'article 3 feront l'objet d'une délibération en séance ordinaire de la Société, qui, sur le rapport du jury, désignera les lauréats et déterminera la quotité de la prime à décerner en séance publique.

### Art. 6.

Les résultats de chaque concours seront consignés dans un procès-verbal, dressé en double expédition, l'une pour être adressée à M. le Préfet, et l'autre pour être déposée dans les archives de la Société.

Mende, le 17 septembre 1840.

*Signés* BOUYON, *Président ;*

J. J. M. IGNON, *Secrétaire perpétuel.*

Pour copie conforme :
*Le Secrétaire perpétuel,*
J. J. M. IGNON.

Vu et approuvé par nous Préfet du département de la Lozère,

Mende, le 21 septembre 1840.

*Le Préfet de la Lozère,*
A. DELON.

### Procès-verbal de distribution des primes.

Ce jourd'hui deux novembre mil huit cent quarante,

Le jury, nommé par délibérations de la Société d'Agriculture, Commerce, Sciences et Arts de la ville de Mende, chef-lieu du département de la Lozère, des 20 juin 1839 et 22 avril 1840, composé de MM. Blanquet, D. M., président ; Boissier, Rous, Chevalier, du Tuf, et Ignon, secrétaire perpétuel, après s'être adjoint M. *Renaud*, artiste vétérinaire, s'est réuni dans l'une des salles de la maison de M. Rous, l'un de ses membres, située sur le champ de foire, à l'effet de procéder au jugement des divers concours pour primes d'encouragement à l'agriculture, dont le programme arrêté par la Société le 17 septembre dernier et approuvé par M. le Préfet, le 21 dudit, avait été adressé et affiché dans toutes les communes du département, par la voie administrative, avec l'autorisation de M. le Préfet.

Le programme ayant été publié à son de trompe, à trois heures de l'après-midi, dans la ville et sur le champ de foire, il a été procédé à l'examen des animaux amenés.

1.º *Pour le Concours des Taureaux.*

Sur quatre taureaux présentés, l'un d'eux appartenant à M. *Trocellier* (Antoine), propriétaire, au hameau de l'Hermet, commune de Javols, arrondissement de Marvejols, ayant été jugé le plus beau et réunissant toutes les conditions voulues, le jury a accordé à ce propriétaire la prime entière de 40 fr.

2.º *Pour les Vaches laitières.*

Malgré la grande quantité de vaches exposées en vente, à la foire, deux seulement ont été présentées au concours et le jury a cru devoir n'accorder à M.

*Causse* (Pierre-Jean), propriétaire, de Chantoruéjols de Genebrié, commune de Gabrias, arrondissement de Marvejols, qu'un encouragement de 20 francs, sa vache quoique belle ne remplissant pas entièrement les conditions du programme et ne concourant qu'avec une vache hors d'âge.

3.o *Pour les Troupeaux de Moutons.*

Ceux présentés n'ont pas été jugés dignes de concourir, comme ne réunissant pas les conditions voulues.

4.o *Pour les Mulets.*

Deux seulement, parmi le grand nombre exposés en vente, ont été présentés au concours, l'un étant hors d'âge a été rejeté. Celui appartenant à M. Chauvet (Pierre), propriétaire à Arzenc-d'Apcher, arrondissement de Marvejols a paru au jury assez beau pour accorder au propriétaire un encouragement de 20 fr.

Les récompenses obtenues par MM. Trocellier, Causse, et Chauvet ont été proclamées par M. le Président du jury, en présence d'un public assez nombreux, et payées immédiatement aux deux premiers, le troisième ayant été ajourné jusqu'à présentation d'un certificat comme éleveur, celui dont il était porteur ayant été perdu en route, ainsi qu'il l'a déclaré (1).

Fait et clos, les jour, mois et an que dessus, le présent procès verbal, dont copie sera adressée à M. le Préfet.

Pour copie conforme :<br>
*Le Secrétaire perpétuel,*

**J. J. M. IGNON.**

---

(1) Cette justification a eu lieu, et la prime a été payée le 10 novembre 1840.

# ECOLE ET CULTURE

## DE VIGNES

## DU LUXEMBOURG,

Formée par M. le comte CHAPTAL (1),
et rétablie par M. le duc DECAZES.

SÉANCE DU 17 SEPTEMBRE 1840.

M. le Président donne lecture de la lettre suivante de
M. le Grand référendaire de la chambre des Pairs, qui
lui a été envoyée le 1er de ce mois, par M. le Préfet de
la Lozère, avec invitation de vouloir bien en remplir
l'objet.

» Paris, le 31 juillet 1840.

» Monsieur le Préfet,

» J'ai mis mes soins à rétablir l'école et la culture de
vignes du Luxembourg, formée il y a près de 40 ans

(1) Notre illustre compatriote M. Chaptal ( Jean-Antoine-Claude ),
fondateur de cette école, a publié un traité théorique et pratique sur la
culture de la vigne, avec l'art de faire le vin, les eaux-de-vie, esprit
de vin, vinaigres simples et composés; ouvrage dans lequel se trouvent
les meilleures méthodes pour faire, gouverner et perfectionner les vins
et les eaux-de-vie, avec vingt-une planches représentant les diverses
espèces de vignes, les machines et instrumens servant à la fabrication
des vins et eaux de vie. Paris, 2 vol., 1801 ( an IX ).

par M. le comte Chaptal et détruites depuis. J'ai déjà réuni plus de 1,500 variétés, mais celles de votre département me manquent et je m'adresse avec confiance à vous pour me les procurer. Il vous sera facile de le faire en chargeant de ce travail une ou plusieurs personnes s'occupant de cette culture soit au chef-lieu, soit dans vos arrondissements.

» Il y a souvent embarras à nommer chaque variété, parce que souvent elles ont des noms différents selon l'arrondissement où elles sont cultivées. Le moyen le plus simple, quand il y a diverses dénominations, est de désigner les plans sous les diverses qualifications qu'ils reçoivent, soit dans les cantons de votre département, soit dans les départements voisins.

» Ces noms seraient indiqués dans le catalogue avec la désignation des lieux.

» Le catalogue serait par numéros et un double numéro correspondant, sur bois, serait attaché avec du fil de fer au paquet de crossettes ou sarments de chaque variété qu'il serait utile d'envoyer au moins sextuple. Les numéros sur papier ou parchemin et liés avec du fil sont exposés à se perdre.

» Il est indispensable d'envoyer du bois de la pousse de l'année précédente et en crossette. Les personnes que vous chargeriez de ce soin sauront l'époque à laquelle elles devront couper les crossettes ; elles me les expédieraient par le roulage accéléré, bien emballées, avec une forte couverture de paille, avant le 15 décembre pour éviter les fortes gelées.

» S'il existait dans votre département une collection de vigne, soit publique, soit particulière, je serais empressé d'envoyer les espèces qui pourraient manquer pour la compléter, ainsi que je le fais déjà pour la collection de M. Audibert à *Tarascon*, celle de M. Bonchereau à

*Bordeaux* et celle de M. le comte Odoart à *Tours*. J'ai réuni non-seulement les variétés de France, mais encore celles des pays étrangers.

» Je vous prierai de vous rembourser sur moi des frais que ces envois pourront vous occasionner.

» Agréez d'avance, Monsieur le Préfet, mes remerciements de la peine que je vous donne, et veuillez recevoir en même temps l'expression de ma considération la plus distinguée,

*Le Grand référendaire,*

Le D. DECAZES.

Des copies de cette lettre ont été adressées à MM. les Sous-préfets, Présidents honoraires des Comices agricoles du département, par la Société qui a fait un appel au zèle des membres qui en font partie, et réclamé leur concours pour satisfaire à la demande de M. le Grand référendaire et de M. le Préfet.

Conformément au désir de la Société, M. le Sous-préfet de Florac s'est empressé d'envoyer trois paquets de crossettes, accompagnés du catalogue des variétés que chacun contenait ; lesquels ont été déposés à la préfecture et envoyés immédiatement à M. le Grand référendaire, auquel M. le Préfet, a transmis le vœu exprimé par M. le Sous-préfet de Florac et appuyé par la Société, d'obtenir de l'école de vignes du Luxembourg une collection des variétés les plus productives et surtout les plus précoces, inconnues dans ces contrées.

On joint ici les catalogues des variétés renfermées dans les trois paquets de crossettes envoyées de l'arrondissement de Florac.

1.º CATALOGUE des variétés de vigne cultivées dans le canton de St-Germain-de-Calberte, envoyées à M. le Sous-préfet de Florac par M. Larguier, notaire et maire à Saint-Germain-de-Calberte, membre de la Société d'Agriculture de Mende et du Comice agricole de Florac, pour faire parvenir à M. le Grand référendaire de la Chambre des Pairs.

| N.os | NOMS des variétés. | LIEUX où on les cultive. | OBSERVATIONS. |
|---|---|---|---|
| 1 | Muscat noir. | la Bastide. | Précoce. |
| 2 | Gibertin. | Idem. | Tardif produit beaucoup, bon vin. |
| 3 | Colitor. | Idem. | Tard. prod. beaucoup |
| 4 | Picopoule. | Idem. | Idem. |
| 5 | Œuillade. | Idem. | Noir très-précoce. |
| 6 | Chatus noir. | Idem. | Gros raisin et bon vin |
| 7 | Picardan. | Crémat. | Blanc, bon raisin. |
| 8 | Verdaou. | Idem. | Noir précoce, bonne espèce. |
| 9 | Gamet noir. | Idem. | Très-précoce, produit beaucoup. |
| 10 | Gibertin. | Idem. | Très-précoce. |
| 11 | Chasselas ou Gamet blanc. | Idem. | Bonne et belle variété |
| 12 | Colomba. | Idem. | Blanc, très-bon. |
| 13 | Terret noir. | la Bastide. | Tard. prod. beaucoup |
| 14 | Picardan. | Idem. | Blanc, très-bon. |
| 15 | Colomba. | Idem. | Tard. prod. beaucoup |
| 16 | Gamet noir. | Idem. | Très-bon vin, précoce. |
| 17 | Muscat blanc | Idem. | Blanc, bon et productif. |
| 18 | Grossonne. | Idem. | Noir, bon, le raisin se conserve. |
| 19 | Chasselas. | Enclos de M<sup>e</sup> Cord, à St-Etienne-V.-F. | Blanc mûrit bien. |

| N.os | NOMS des variétés. | LIEUX où on les cultive. | OBSERVATIONS. |
|---|---|---|---|
| 20 | Clarette. | Enclos de M.ᵉ Cord à St-Etienne.-V-Fr. | Blanc, excellent vin mousseux. |
| 21 | Gibertin. | *Idem.* | Noir, mûrit bien, bon vin. |
| 22 | Chasselas. | *Idem.* | Noir dit Gamet, mûrit bien. |
| 23 | Chatus. | *Idem.* | Noir, vin coloré et doux. |
| 24 | Terrets. | *Idem.* | Noir, vin très-ardent tardif. |
| 25 | Rouzergots ou Picardan blanc | *Idem.* | Mûrit bien, bon vin blanc. |

2.º Catalogue des variétés de vignes cultivées à Florac et dans la rivière du Tarn.

N.os
1 Mounastel noir.
2 Picardan blanc.
3 Lardat ou Chasselas blanc.
4 Guamet rouge.
5 Brugamet noir.
6 Grés rouge.
7 OEuillade noir.
8 Brune noir.
9 Charameuses rouge.
10 Gibert noir.
11 Terret noir.
12 Muscat blanc.
13 Moula noir.

3.º Catalogue des espèces cultivées dans la vallée de Ste-Croix et de Moissac.

N.os
1 Merlan.
2 Couloumba.
3 Palairès.
4 Maroquin.
5 Chatus.
6 Terret.
7 Gibertin.
8 Sinsal.
9 OEillade.
10 Ugnes.
11 Picardan.
12 Gamet.
13 Muscat blanc.
14 Clarette.
15 Calitor.
16 Muscat noir.
17 Grecs.
18 Picopoulo.
19 Negret.

13

La culture de la Vigne dans les localités du département où elle peut avoir lieu est en progrès ; depuis quelque temps, on s'attache à introduire des variétés plus
propres à y prospérer, et sous ce rapport, on ne peut
qu'attendre de bons résultats de la promesse de M. le
Grand référendaire, dont M. le Préfet a bien voulu
donner communication à la Société, par la lettre suivante, adressée à son président :

Mende, le 29 janvier 1841.

Monsieur,

Je me suis empressé d'appuyer la demande de M. le
Sous-préfet de Florac et le vœu exprimé à cet égard par
la Société d'agriculture à l'effet de recevoir du Luxembourg une collection des espèces de Vignes les plus productives et les plus précoces.

M. le Grand référendaire de la Chambre des pairs
m'annonce par sa lettre du 21 janvier que, lorsqu'il aura
pu complelter le catalogue de la collection qu'il forme
au Luxembourg, il s'empressera de me le transmettre
et de mettre à ma disposition les espèces que désireront
les agriculteurs du département.

Agréez, Monsieur, l'assurance de ma considération
la plus distinguée

*Le Préfet de la Lozère*,

A. DELON.

# PRODUITS INDUSTRIELS

## DU DÉPARTEMENT DE LA LOZÈRE,

*Cités dans le rapport du Jury central sur les produits de l'industrie française exposés en 1839.*

La Société, comme moyen d'émulation, s'est empressée de faire connaître, par la voie de ses annales, les produits industriels du département qui ont mérité à leurs exposans l'honneur d'être cités aux différentes expositions de l'industrie française (1).

Un exemplaire du rapport du Jury central, de l'exposition de 1839 lui ayant été adressé, pour être déposé dans sa bibliothèque, elle a décidé de donner la plus grande publicité à la notice suivante, dont les détails concernent la fabrication de nos tissus de lainages.

» M. Lascols, intéressé dans la société industrielle de la Lozère, qui a fondé dans ce pays une filature de laine, et des moulins pour fournir du travail à la classe ouvrière, a eu d'abord à s'occuper du placement des fils de laine. Par suite, l'examen attentif des tissus de laine qui se fabriquent de temps immémorial dans les montagnes de la Lozère lui a démontré qu'il ne s'agissait que de leur trouver un débouché pour en avoir un large écoulement, puisqu'on ne fabriquait nulle part ailleurs la laine à aussi bon marché. Il est venu se fixer à Paris, et il n'a pas tardé à leur trouver des emplois nombreux pour dou-

---

(1) Mém. de la Soc. tom. 1er–Ann. 1827, pag. 93.–tom. 7.–Ann. 1832 1834, p 91.–tom. 9.–Ann. 1835–1836, p. 69.

blures, pour fournitures d'hospices et d hôpitaux, pour casquettes, gilets même et tapis de table, après qu'ils ont été teints et imprimés ; aussi en a-t-il un débit considérable aujourd'hui.

» Le jury a effectivement été frappé du bas prix des articles exposés par M. Lascols, ce sont :

1.o Des flanelles de 60 centimètres de large, à 1 fr. 10;

2.o Des serges croisées, même laize, à 1 fr. 40 et 1 fr. 50;

3.o Des escots de 70 centimètres, de 1 fr. 75 à 2 fr. ;

4.o Des draps feutrés en 71 et 73 centimètres, de 2 fr. 50 c. à 3 fr. ;

5.o Des molletons ou flanelles croisés en 70 centimètres, de 1 fr. 50 à 1 fr. 90 ;

6.o Enfin des draps et escots très-corsés, 119 à 140 centimètres, de 5 fr. à 7 fr. 50.

» Les cinq premiers articles sont de fabrique rurale, et les derniers sont confectionnés par la société industrielle, sur les indications de l'exposant.

» Bien que M. Lascols ne soit pas fabricant, il a semblé au jury qu'il avait bien mérité de l'industrie en général, en faisant connaître, dans le Nord, un produit pour ainsi dire ignoré jusqu'à ce jour, et surtout du département de la Lozère, en particulier, en ouvrant aux produits de la petite fabrique un débouché important, service très-grand pour un pays généralement pauvre et peu industrieux.

» Il y a d'ailleurs utilité à appeler l'attention du public sur une production aussi intéressante.

» Par ces considérations, le jury décerne une médaille de bronze à M. Lascols et compagnie. »

# HYMNE

# A LA VIERGE.

Par M. l'abbé BALDIT, Membre-résidant.

Gloire à l'Etre infini dans les hauteurs des Cieux,
Et paix aux hommes sur la terre.
Des mains de l'Eternel est tombé le tonnerre;
L'aurore du salut luit enfin à nos yeux.

Chantres du bel amour, que sous vos doigts de rose
Retentissent vos harpes d'or !
D'une tige royale une fleur est éclose :
Enviez à la terre un si riche trésor.

Soufflez, vents brûlants de l'abime;
Vous ne ternirez point l'éclat de sa beauté ;
Cette arche consacrée à la divinité ,
Ne doit jamais subir l'influence du crime.

Quel est ce pompeux appareil ?
La nuit à son aspect a replié ses voiles.
Pour couronne elle a douze étoiles,
Plus brillantes que le soleil.

Son sourire est semblable à l'aurore vermeille :
  Les roses naissent sous ses pas :
  Ses grâces , ses chastes appas
Des Cieux révèlent la merveille.

Je la vois au milieu des filles d'Israël ,
Comme un lis éclatant au milieu des épines ,
Comme un riche palais sur d'immenses ruines ,
  Dont le dôme touche le Ciel.

  Est-ce le cortége des anges
  Qui veille autour de son berceau !
Des vertus dans son âme ils impriment le sceau,
  Chantant des hymnes de louanges.

La timide pudeur ceinte d'un voile épais ,
  Et l'innocence aux yeux modestes
Répandent sur son front leurs essences célestes ,
  Se donnant le baiser de paix.

Qui dira les trésors dont ton âme est ornée ?
  O Rédemptrice des mortels !
  Quelle sublime destinée !
Tous les cœurs à la gloire élèvent des autels.

Les peuples à l'envi d'une voix amoureuse
Célèbrent ta puissance, exaltent tes grandeurs ;
  Les générations te proclament heureuse ,
  En bénissant le fruit de tes chastes ardeurs.

Il est formé du sang qui coule dans tes veines,
L'Homme Dieu vainqueur des enfers ;
Une femme coupable avait forgé nos chaînes ;
Une Vierge les brise et sauve l'univers.

———

De tous les biens source féconde ,
O Marie à ton nom l'enfer est consterné ;
Et le monarque altier à tes pieds enchaîné
Te proclame la vie et le Salut du monde.

———

. Courbé sous le poids des forfaits ;
Et perdu sans espoir dans cet abîme immense ,
L'impie à tes genoux implore ta clémence
Et son cœur repentant éprouve tes bienfaits.

———

Tel le navigateur au milieu de l'orage ,
Luttant contre les flots , les écueils et la mort ,
Se met à l'abri du naufrage
En lançant sa nacelle au port.

———

Oui, c'est par toi , mère chérie ,
Que l'Eternel à pleines mains
Verse du haut des Cieux ses dons sur les humains ,
Dieu peut-il refuser quelque grâce à Marie.

———

Que l'ange de la mort allume son courroux ;
Epouses de l'Agneau , peuple faible et timide ,
L'ange du bien veille sur vous ,
Ne craignez point sous son égide.

———

Et vous que poursuit le malheur,
Comme un vautour cruel une innocente proie,
Placez-vous sous son aîle au jour de la douleur,
Et vos cœurs s'ouvriront aux transports de la joie.

———

Voyez-vous cette tour d'airain,
Que bravent les efforts du ravisseur injuste ?
Telle est de cette Reine auguste,
Sur le père du mal le pouvoir souverain.

———

O jardin de parfums, ô fontaine scellée,
Sanctuaire d'amour, Epouse du grand Roi,
Astre le plus brillant de la voûte étoilée ,
Quels titres te donner qui soient dignes de toi ??..

———

Tu parus un instant dans l'exil où nous sommes,
Sous l'humble voile du malheur ;
La violette aux yeux des hommes
Aime à cacher sa tendre fleur.

———

Assise sur un trône, à côté de Dieu même,
Tout ce vaste univers n'est qu'un point à tes yeux,
Et sur ton front sacré brille le diadême
De la terre et des cieux.

———

Océan de bonté sans fond et sans rivage ,
Des vertus sous nos pas applanis le sentier :
Le salut des humains est ton plus bel ouvrage ,
C'est pour eux qu'a coulé le sang de l'héritier.

———

Les jours de notre exil sont semés de tempêtes :
Les vents des passions, les flots des voluptés
　　Soufflent, mugissent sur nos têtes :
　　Et l'abîme éternel s'ouvre de tous côtés.

———

L'ennemi de tout bien a lancé ses phalanges
　　Les traits volent de toutes parts ;
　　Entends leurs sifflemens étranges
Vois rouler à longs flots les cadavres épars.

———

Viens à notre secours, que ton souffle renverse
Et chasse nos tyrans dans leur noire prison,
Comme l'astre du jour met en fuite et disperse
　　Les nuages épais qui couvrent l'horison.

———

Montre toi notre mère, au jour de la victoire :
　　Prête nous ton courage et ta fidélité,
Et nous célébrerons tes bienfaits et ta gloire
　　Dans l'immuable éternité.

———

# CHANT HÉROÏQUE,

### SUR LA TRANSLATION, EN FRANCE,

### DES CENDRES

# DE NAPOLÉON.

### Par M. MEFFRE, ex-professeur a Mende. (*)

Sors du désert de Sainte-Hélène,
Quitte ce triste champ de mort,
Illustre victime du sort !
On t'appelle au bord de la Seine,
Le peuple a repris ses couleurs
Si brillantes sous ton empire ;
Elles nous rendent le délire
Dont ta gloire énivrait les cœurs,      } bis.

Il a passé la mer profonde ;
Le ciel le ramène à nos vœux
Avec cet astre radieux
Qui revient des bornes du monde.
Auguste objet de notre deuil !
Tu n'es plus en des mains profanes :
Dans ces lieux chéris de tes mânes
Nous le voyons avec orgueil.      } bis.

(*) D'après une pétition pour cette translation, faite à la Chambre des députés et renvoyée par elle au Gouvernement, l'auteur de ce chant avait pensé qu'elle pourrait s'effectuer avant le soleil du printemps de 1832. Cette proposition n'ayant pas eu de suite, la publication de ce chant fut suspendue, mais l'inauguration de la statue du grand capitaine détermina l'auteur à le faire paraître en 1833, et à en faire hommage à la Société. Ce vœu national a été exaucé par le Roi des Français; d'après les ordres de S. M., S. A. R. M.gr le prince de Joinville s'étant rendu avec sa frégate la *Belle-Poule*, à l'île de Sainte-Hélène pour y recueillir les restes mortels de l'Empereur Napoléon, les a rapportés à Paris et déposés aux invalides, où le 25 décembre 1840 une cérémonie solennelle et sans égale jusqu'à ce jour, une pompe religieuse et militaire ont inauguré le tombeau qui doit les garder.

Nos cris raniment sa poussière :
Que nous demande le héros ?
Un asile, un lieu de repos
Digne de sa noble carrière,
Auguste objet ! etc.

Français ! sur la place Vendôme
S'élève ce prix de l'honneur ;
Ses aigles en font la splendeur ,
Portons y le corps du grand homme,
Auguste objet ! etc.

Par lui, la France vit éclore
La crainte et l'admiration
Que pour la grande nation
Les peuples conservent encore.
Auguste objet ! etc.

Qu'il dorme au pied de la Colonne :
Ses mânes seront satisfaits
Sous les bronzes de ses hauts faits,
Sous les rayons de sa couronne.
Auguste objet ! etc.

Ce trophée à jamais illustre
Du célèbre triomphateur,
Dans le cercueil du fondateur
Prend aujourd'hui son plus beau lustre.
Auguste objet ! etc.

Les siècles diront à la gloire
De l'immortel Napoléon :
Il construisit son Panthéon
Des dépouilles de la victoire.
Auguste objet ! etc.

Son image couvre la cime
Du monument majestueux,
Portant à nos derniers neveux
Les traits d'un conquérant sublime.
Auguste objet ! etc.

⬥⬥⬥

César ! Annibal ! Alexandre !
Il fut bien plus que votre égal
L'homme dont sous ce piédestal
La France révère la cendre !
Auguste objet ! etc.

⬥⬥⬥

Grand dans la paix, grand dans la guerre,
Il promulgua de sages lois ;
Il éclaira tout à la fois
Le monde.... et fit trembler la terre !
Noble Solon ! puissant guerrier !
Tu n'es plus en des mains profanes ;
Aux lieux où gémissaient t s mânes
La France n'a pu t'oublier !                    } bis.

⬥⬥⬥

Pour se placer avant Pompée
Et les ombres du plus grand nom
Il a traversé l'Achéron
Avec son code et son épée.
Noble Solon ! puissant guerrier !
Tu n'es plus en des mains profanes ;
Aux lieux où gémissaient tes mânes           } bis.
La France n'a pu t'oublier !

⬥⬥⬥

## A LOUIS PHILIPPE.

Plus populaire qu'Henri quatre,
Plus doux, plus clément que Titus,
Philippe qui grand en vertus
Pour la gloire aussi sut combattre ;
Ce bon Prince, Roi des Français
Qui daigne rendre à la Patrie
L'objet de son idolâtrie                      } bis.
Comme lui, qu'il vive à jamais !

# APERÇU

SUR

L'ÉTAT ACTUEL DE LA SOCIÉTÉ EN FRANCE,

## DISCOURS

PRONONCÉ DANS LA SÉANCE PUBLIQUE DU 30 AOUT 1840,

PAR M. ALPH. DE CHARPAL, MEMBRE CORRESPONDANT.

MESSIEURS,

Séparé, depuis deux ans, de la Société à laquelle je n'appartiens plus que comme membre correspondant, je n'ai pu en suivre les travaux ni m'associer à son œuvre autrement que par des vœux. J'étais loin de croire, il y a peu de jours encore, que j'aurais l'honneur de me joindre à elle dans cette circonstance solennelle ; mais, profitant de mon rapprochement et du loisir que la saison qui s'ouvre va laisser au corps auquel j'appartiens, je me suis rendu avec empressement parmi mes collègues dont l'invitation trop bienveillante m'a été communiquée par une lettre toute récente de son estimable secrétaire perpétuel.

Pour répondre d'une manière digne de vous à cette marque d'attention et de politesse, j'aurais eu besoin de mûrir un peu mes réflexions sur un sujet qui demande toute votre indulgence avant même de l'énoncer.

Il y a quatre ans, Messieurs, à pareille époque et presque à pareil jour, j'avais l'honneur de vous entretenir des améliorations morales et intellectuelles à introduire dans notre département : j'aurais désiré pouvoir aujourd'hui suivre la même voie ; d'ailleurs je me serais ainsi mieux conformé au but primitif de notre institution et de la réunion que vous honorez en ce moment de votre présence ; mais comment aurais-je pu, éloigné que j'étais et du pays et de la Société, sans être guidé par celle-ci et inspiré par celui-là, me livrer à des réflexions qui s'adressassent à un intérêt purement local? Il faudra donc, quoiqu'à regret, que je me dévie de la route et que je découvre devant vous un plus vaste horison : ainsi, Messieurs, au lieu de nous claquemurer ensemble, (passez moi l'expression) dans les montagnes de la Lozère dont les intérêts vous préoccupent en ce moment, je reporterai vos pensées sur ceux de la grande nation dont nous sommes aussi les membres.

Je veux dire, Messieurs, que je viens jeter un coup d'œil rapide sur l'état actuel de la société en France, envisagée sous le triple rapport de ses intérêts matériels, moraux et politiques.

Vous voyez, ainsi que je le disais tout à l'heure, que la matière semble s'étendre tout à coup, et, que ce n'est point à tort, qu'avant de vous la faire connaître, j'ai dû vous demander une entière indulgence, moins encore pour le peu de temps que j'ai eu, que pour l'ampleur du sujet : son choix, soyez en sûrs, n'est point chez moi l'effet d'une ambitieuse prétention, mais bien celui que des convictions arrêtées ont spontanément placé sous ma plume.

Heureux, si pour prix de mon zèle, je puis, dans

le tableau que je ne vais qu'ébaucher ; vous montrer quelques traits caractéristiques de la société au milieu de laquelle nous vivons.

J'entreprends cette esquisse.

S'il est, Messieurs, sur la terre une nation qui, par sa civilisation, son sens moral, son intelligence, sa topographie même, soit destinée à exercer sur ses voisins ce que l'on peut appeler la dictature de la pensée, c'est bien celle à laquelle nous sommes fiers d'appartenir. Semblable au corps de l'homme soumis à l'action du Galvanisme, voyez en effet comme cette vieille Europe, s'émeut et s'agite à chacune de nos révolutions : on dirait un cœur atteint par toutes ses fibres et dont les agitations se font sentir dans tous les membres. Examinez, dans notre France, la marche progressive du commerce et de l'industrie : visitez de près toutes ces grandes découvertes qui honorent l'esprit humain, et vous remarquerez que presque toujours la pensée-mère est française.

En effet, elle a germé et mûri long-temps cette invention utile, puis elle est allé passer par le creuset de la science allemande qui l'a érigée en théorie ; plus tard enfin l'or anglais, lui faisant subir les premières épreuves, en a fait à son tour une heureuse réalité pratique et sociale ; mais ajoutons ici que toujours le Français, jaloux d'une idée qui l'honore, l'a suivie depuis le cabinet du savant d'Allemagne jusques dans l'atelier du riche mécanicien de Londres.

Certes, Messieurs, il est beau de pouvoir attribuer à son pays de semblables priviléges.

Descendez nos fleuves, remontez nos rivières, parcourez nos canaux, et vous verrez partout ces masses ambulantes, dédaignant le secours de la voile et le bras du rameur, passer et disparaître dans un nuage de fumée et de vapeur ; suivez de l'œil, si vous le pouvez, ces forces locomotives, qui font, en quelque sorte, ruisseler des populations entières sur deux rubans de fer, au travers des montagnes, comme dans les plaines les plus unies et les plus ouvertes.

Je n'en finirais pas si je voulais décrire ici tous ces progrès durables, toutes ces découvertes utiles ; surtout si, me laissant emporter avec vous par l'une de ces voies, j'entrais dans nos opulentes cités où sont amoncelées les richesses du Monde, et que, pour augmenter le prestige, je vous les montrasse éblouissantes de clarté, à la lueur de ce fluide merveilleux qui fait pâlir la reine des nuits et semble défier le soleil.

Oui, Messieurs, voilà bien un grand essor donné à nos intérêts matériels ! Oui ce sont là de beaux legs que nous avons mission de transmettre aux générations qui nous suivront ! Mais pourquoi faut-il, au milieu de ce grand tourbillon de choses et d'affaires, alors que le grand commerce aujourd'hui exige et absorbe tant d'esprits sérieux et positifs, pourquoi faut-il, que les fortunes les mieux assises soient si souvent aussi chancelantes et aussi fragiles, et que d'autres s'élèvent si vite par des moyens qu'on n'avoue point ? Ah ! c'est que dans tous les rangs et chez tous existent, vivaces et ardentes, la passion du lucre et l'ambition des écus : de là ce mal social qui nous ronge ; cette peste qui nous tourmente, ce fléau corrupteur, qui avant de le dévoiler dans un autre ordre d'idées, va me fournir à moi une transition moins sensible de nos intérêts matériels vers ceux que j'ai déjà appelés moraux et politiques.

...ourtant, disons-le, avant de découvrir cet autre point de vue, il n'est pas vrai qu'à cette époque de progrès industriels, de hautes entreprises, nous soyons menacés de ce matérialisme qui atteignit et frappa les hommes du dernier siècle ; non, celui-là n'est plus à craindre ; il a succombé sous les coups que lui ont porté, au commencement de celui-ci, les adversaires du Voltérianisme : mais le danger qui nous menace, c'est de voir l'amour des intérêts matériels érigé en une espèce de divinité dont les autels auront pour base la corruption et la cupidité, c'est de voir ces principes éternels de morale, de justice et de vérité entièrement méconnus, au milieu de ce déluge de passions mercantiles.

Si, tout à l'heure, en prônant bien haut le génie de notre nation, au sein de ses prodiges, j'ai pu encourir dans vos esprits le reproche d'optimisme, n'aillez pas maintenant m'adresser le reproche contraire, parce qu'ici le tableau se rembrunit, en présence d'une fâcheuse réalité.

### Deuxième partie.

Il existe, Messieurs, dans notre société moderne, un mal qui préoccupe tous les esprits, frappe toutes les attentions, afflige toutes les consciences ; il a sa source dans l'orgueil humain qui est indomptable ; l'individualisme est son mobile, et l'ambition son véhicule : comme il n'a pas reçu le baptême du temps, la langue, pour le caractériser, ne lui a pas encore donné de nom qui lui soit propre, mais la raison publique l'a signalé sous la vague abstraction du mot *Ambition*.

Non pas celle qui, vaste dans ses projets et grande

dans ses conceptions, soulève les nations contre les nations, les arme les unes contre les autres et fait de l'une
d'elles la reine du Monde ; celle-là paraît ne devoir
plus être dans nos mœurs, quoique, jadis et naguère
encore, elle ait prodigieusement grandi notre nation.

Cette ambition non plus n'est point celle qui,
plus contemporaine que l'autre, agite aujourd'hui
tant d'esprits élevés ; non, ce n'est point cette ambition du pouvoir que l'on poursuit à travers tous les
obstacles, et qui montre les uns aptes aux affaires
publiques et les autres inhabiles à les manier. Oh ,
cette ambition, Messieurs, a bien encore son côté
louable, puisque l'amour du pays est, le plus souvent, le guide de ces âmes sans cesse agitées.

Mais je veux parler de cette ambition bâtarde et
au petit pied, qui, étroite et mesquine dans ses
vues, jalouse et remuante dans ses actes, veut à tout
prix surgir et s'élever, et qui, abusant du principe
que tous les Français sont admissibles aux emplois
publics, saisit et pénètre tous les individus, envahit la
société, flétrit tous les sentimens et gangrène bien
des cœurs : très-souvent la presse, cet instrument
de bien et de mal, dont les temps libres ne sauraient
pourtant se passer, l'encourage et l'excite, et, oubliant
le pouvoir censorial qu'elle a mission d'exercer, cet
outil de la civilisation, comme l'a appelée M. de
Lamartine, devient alors le levier à l'aide duquel sont
mises en jeu les cupides et honteuses passions :
que si, au milieu de ce débordement de démoralisation, l'ambitieux arrive à son but, la société subit
les funestes conséquences de son déplorable succès ;
mis à l'œuvre, ce nouveau parvenu ne se soutient
que par l'intrigue, et, comme celle-ci l'a élevé, c'est

par elle aussi qu'il s'avance par la dégradation à la conquête des honneurs.

Dieu veuille alors qu'il ne s'agite que dans une de ces carrières où l'on pourra peut-être apaiser sa soif insatiable ; mais si, au contraire, son aveugle ambition le pousse vers une sphère plus relevée, le pouvoir, qui avait droit de compter sur un appui, ne trouve en lui qu'un embarras et souffre dans sa marche des fausses manœuvres du fonctionnaire incapable !

L'ambtieux intrigant veut-il s'élever par la magistrature ? *le cœur du magistrat ambitieux*, a dit d'Aguesseau, *est comme un temple profane ;* ajoutons avec lui, qu'il y place la fortune sur l'autel de la justice : mais comme dans ces nobles fonctions, il ne trouve pas la satisfaction des ignobles besoins qu'il y a portés, il aspire à arriver, sans retard, aux plus hauts échelons de la hiérarchie judiciaire ; heureusement son ambition est bientôt entravée ; il s'indigne des moindres obstacles, et, par une espèce d'abdication de dépit, il descend de ce siège où il eut mieux fait de ne jamais monter : sans doute, il essayera une odieuse consolation, un honteux dédommagement ; il épiera les actes de ses anciens chefs ; ils les soumettra à une amère critique ; puis, accablé de son impuissance, il ira vieillir dans la disgrâce, en poursuivant toujours une vengeance.

L'ambitieux appartient-il au sacerdoce ? ah c'est le pire de tout, puisque la religion elle-même aura à souffrir de ses écarts et de son inconduite ! le public, frappé de ses soubresants, mettra la vérité sainte au rang des moyens profanes et trompeurs, et les fautes de l'homme réjailliront sur la chose elle-même : que si l'au-

torité conservatrice de Rome l'arrête dans cette rapidité d'ascension, rêve de sa jeunesse, il brûlera ce
qu'il avait adoré, il répudiera sa foi, démentira ses
actes : heureuse alors la société, si le nouveau Luther
n'est pas assez puissant pour élever autel contre autel,
et si sa parole ne peut aller jeter partout la semence
de troubles religieux !

L'ambitieux est-il dans les rangs de l'armée ? son
esprit chagrin le portera toujours vers les hasards et les
aventures ; mais comme un gouvernement assis et
régulier ne lui donnera, dans un temps de paix, qu'un
avancement hiérarchique et mérité, il murmurera
sans cesse, et, si des idées folles et téméraires vont
fasciner les yeux ou troubler le cerveau de quelque
prétendant, vite il arborera son drapeau, oubliera ses
sermens et poussera un cri de lâche trahison au milieu de nos garnisons fidèles et impassibles : la raison
publique et la justice du pays s'indigneront contre
lui, et, s'il échappe à cette dernière, accablé qu'il
sera sous le poids de l'autre, il gagnera le pays étranger, pour y rêver à ce qu'il appelle déjà un prochain retour et un meilleur avenir.

Oh, je vois bien, vos esprits en ce moment ne
m'accusent point d'exagération, car le tableau du
soldat ambitieux n'est pas seulement véritable à vos
yeux, mais il est même palpitant d'une douloureuse
et sanglante actualité !

Ici, Messieurs, loin de moi cependant la pensée
de toute récrimination personnelle, de tout sentiment
irritant : respectons le malheur de l'égarement, avant
même que le crime soit puni.

Pourtant il n'est pas vrai que toute ambition soit
mauvaise et condamnable ; le cœur de l'honnête hom-

me, du vrai patriote ne doit pas toujours se fermer à cette passion. Eh pourquoi lui serait-il interdit de s'apprécier lui-même, de mesurer ses forces, d'écouter cette voix intérieure qui lui révèle sa véritable destinée, de se placer dans la sphère où l'attirent sa position ou ses facultés, de s'y élever par le travail, le dévouement, le courage et la vertu ?

Nous naissons tous avec ce désir de nous distinguer, ce besoin d'acquérir, cet amour d'applaudissemens et de suffrages qui constituent la noble ambition : que le savant, comme *Cuvier*, *Chaptal*, ou *Arago*, pour prix de ses opiniâtres labeurs, soit jaloux d'être la gloire de son temps ; que l'écrivain, comme *Châteaubriant*, ou le *Lamennais d'autrefois*, soit impatient du suffrage de la postérité, et recherche, vivant, les applaudissemens de ses contemporains, que le poète, comme *Lamartine* et *Hugo*, aspire aux palmes académiques et aux couronnes du théâtre ; que le magistrat, comme *Dupin*, après avoir long-temps exercé ses armes au barreau, vienne s'asseoir sur ces siéges suprêmes réservés au savoir et à l'expérience ; que le guerrier, comme *Soult*, après avoir blanchi sous le harnais, et versé vingt fois son sang pour la patrie, ne dédaigne pas d'obtenir ces insignes qui brillent sur la poitrine des braves, et d'aller aux invalides partager la tombe des *Turenne* et des *Trévise* ; que l'homme d'état surtout, comme l'illustre *Périer*, arrivé au faîte du pouvoir, y brave l'émeute qui gronde et les soucis qui tuent, puis, succombant à la peine, qu'il emporte dans l'inévitable cercueil, la conscience d'avoir bien servi son pays et l'espoir que l'histoire, qui constate aussi la différence des temps, inscrira son nom à côté des *Suger* et des *Sully* ; ah qui pourrait blâmer ces nobles passions et ces excitantes ardeurs !

Ainsi, vous le voyez MM., malgré sa démoralisation momentanée, la France échauffe encore dans son sein de grands élémens de gloire nationale. N'est-ce pas plus que jamais le temps de le reconnaître, au moment même où elle descend de ce rocher de l'Océan les cendres du grand homme ; mais avant de finir, laissez-moi les saluer dans leur lointain et, avec elles aussi, le jeune prince qui les escorte vers la France où règne sa nationale famille. Permettez-moi de vous dire que bientôt nous allons assister à un grand spectacle ; mais gardons-nous, dans cette pompe majestueuse, comme le disait naguère un orateur à la tribune, gardons-nous d'avoir un enthousiasme sans souvenir et sans prévoyance : soyons silencieux et recueillis devant cette dépouille glorieuse, cette cendre qu'un neveu du grand Capitaine a déjà profanée : mettons de la mesure et une dignité sérieuse dans nos démonstrations, afin que la nation et le trône ne se rapétissent point devant cette grande ombre, faisons au contraire briller de tout son éclat et de toute son étendue cette gloire immense, et, si la France, (comme cela peut être) après une trêve de vingt-cinq ans, est obligée, par la diplomatie européenne, de tirer encore une fois son épée et de surexciter ces bouillonnemens du sang français toujours prêt à couler, quand il y va de son honneur, tenons-nous fiers et comme sous les armes, afin de nous montrer encore aujourd'hui les dignes fils des héros de *Marengo*, d'*Austerlitz* et d'*Iéna*.

Non, non, ne vous y trompez pas, ce n'est point là un vœu que je forme pour la guerre : je ne suis

pas de ceux qui pensent que la paix puisse être la
honte des nations ; je la regarde , à part même la
question d'humanité, comme la gloire et le bonheur
du Monde ; mais j'ai voulu dire, et vous m'avez
bien compris, que, si la guerre doit devenir une
nécessité, nous saurons la faire grande, énergique,
puissante et nationale, sans avoir recours à ce *propa-
gandisme* révolutionnaire qui s'en irait *missionner*
partout des agitations et des désordres : à ce bruit
de guerre, si toutefois il doit retentir, la Lozère
répondra avec l'écho de ses montagnes, et, par son
cri patriotique, elle se montrera digne de notre belle
France ! ! !

# TRAVAUX

## DES COMICES AGRICOLES.

### Séance du 22 avril 1840.

M. le Président donne lecture de la lettre de M. le Préfet de la Lozère, dont la teneur suit :

Mende, le 20 avril 1840.

« Monsieur le Président,

» J'ai l'honneur de vous informer que deux comices » agricoles viennent d'être institués à Marvejols et à » Florac : le premier est composé de 34 membres et » le second de 20. Le montant de la cotisation an-» nuelle est de cinq francs.

» La Société d'agriculture jugera sans doute conve-» nable de communiquer ses instructions à ces comices » et de mettre ainsi en commun leurs connaissances » pratiques et leur expérience.

» Agréez, Monsieur le Président, l'assurance de » ma considération distinguée.

*Le Préfet,*
A. DELON. »

La Société, d'après l'avis contenu dans cette lettre, charge son Secrétaire perpétuel d'adresser à MM. les Sous-préfets, présidens honoraires des comices de leurs arrondissemens respectifs, des exemplaires du Rapport

et du Règlement, du 18 novembre 1839, sur l'or‑
ganisation des comices agricoles du département, pour
être distribués à MM. les membres qui en font partie ;
et de leur témoigner qu'elle se fera un plaisir de
concourir avec eux à tout ce qui pourra intéresser
l'agriculture et l'économie rurale, pour mettre le
département dans la voie du progrès.

A cet effet, ses annales seront ouvertes à la publi‑
cation des divers travaux de ces associations.

---

## COMICE AGRICOLE
### DE MARVEJOLS.

---

LETTRE de M. le Sous-préfet, président honoraire
à M. le Secrétaire perpétuel de la Société de Mende.

« Marvejols, le 4 mai 1840.

» MONSIEUR ,

» J'ai reçu avec tout l'intérêt qui s'y rattache les
» 40 exemplaires du règlement pour l'organisation des
» comices agricoles que vous avez eu la bonté de
» m'adresser avec votre lettre du 24 avril dernier.
» Je vous remercie infiniment de cette attention
» bienveillante à laquelle le Comice agricole de
» Marvejols a été très-sensible.

» A la distribution de cet envoi dans la réunion
» qui a eu lieu aujourd'hui à l'hôtel de la sous-
» préfecture, MM. les membres du Comice m'ont
» exprimé le désir de se mettre bientôt en rapport
» avec la Société d'agriculture de Mende, pour tout
» ce qui peut contribuer aux améliorations et aux
» progrès de cet art dans l'arrondissement. De mon
» côté, je m'efforcerai de concourir avec eux, pour

» rendre autant qu'il dépendra de moi ces relations
» le plus intéressantes et fructueuses.

» Veuillez, Monsieur, agréer l'assurance de ma considération très-distinguée.

» *Le Sous-préfet de Marvejols*,
AIGOIN-MONTREDON. »

Dans sa première réunion, le Comice organise son bureau ainsi qu'il suit :

*Président honoraire*, M. le Sous-préfet ;

*Président*, M. d'Espinassoux, aîné ;

*Vice-président*, M. le comte de Chambrun ;

*Secrétaire*, M. Dominique Eimar de Jabrun ;

*Trésorier*, M. Talansier, négociant.

Dans sa séance du 1.er juin 1840, M. le président et le secrétaire ont soumis au Comice un projet de règlement, qui ayant subi les observations de chacun des membres est devenu règlement définitif. Il sera imprimé pour être distribué aux souscripteurs du Comice.

Procès-verbal de la séance du 7 novembre 1840.

Aujourd'hui 7 novembre, les membres du Comice agricole réunis au lieu ordinaire de leurs séances se sont formés en comité, aux termes de leur règlement.

Plusieurs réunions antérieures, consacrées à la discussion de matières importantes n'ayant reçu aucune sanction à cause de l'absence légitime de quelques membres, ces mêmes matières ont encore aujourd'hui été soumises à une nouvelle discussion ; et comme il importe de ne pas retarder plus long-temps l'application des moyens les plus propres à atteindre le but que s'est proposé le Comice agricole dans son institution, les dispositions suivantes ont été arrêtées :

## Concours pour la distribution de primes d'encouragement.

Le 30 novembre, jour de foire à Marvejols, un concours aura lieu pour la distribution de primes d'encouragement à l'agriculture.

Le programme en sera dressé d'après les bases suivantes :

Une prime de trente francs sera donnée pour le plus bel élève, cheval ou mulet de 3 ans et au-dessous.

Une prime de vingt-cinq francs pour le plus beau taureau de 2 à 3 ans.

Une prime de trente francs pour la plus belle vache laitière.

Une prime de quarante francs pour la plus belle paire de bœufs de 4 à 5 ans.

Enfin une prime de trente francs pour les deux plus beaux béliers choisis l'un dans la petite espèce, dite de *Causse*, l'autre dans la plus grande, dite de *Montagne*.

Ces primes seront distribuées sur la proposition d'un jury, composé des membres du comice, lequel prononcera à la majorité des suffrages et pourra s'adjoindre, pour mieux éclairer sa décision, un artiste vétérinaire et des agronomes notables ayant voix consultative.

Pour être admis à concourir, il faut être propriétaire dans l'arrondissement et justifier par un certificat du maire de la commune que les animaux destinés au concours sont nés dans l'arrondissement.

Des affiches portant le détail de ces dispositions seront répandues dans l'arrondissement, de manière à leur donner la plus grande publicité.

Le comité a pensé que l'éducation des bestiaux était la première des industries qu'il convenait d'encourager, et a remis à une autre époque de l'année les primes à distribuer pour les autres branches de l'agriculture.

### Achat d'un araire.

Avant d'établir un concours pour le labourage, et une prime d'encouragement au meilleur laboureur, il est rationnel de présenter à celui-ci un modèle d'instrument perfectionné, celui qu'il emploie habituellement laissant beaucoup à désirer.

C'est dans cette pensée que le comité a décidé qu'un instrument aratoire désigné dans le catalogue des instrumens aratoires perfectionnés de la fabrique établie à Aurillac par la Société d'agriculture pratique, sous le nom d'Araire du pays perfectionné par M. Dou, serait acquis aux frais du Comice. Le secrétaire a été chargé du soin de cet achat après avoir pris des renseignemens auprès des membres du Comice agricole du Cantal.

### Abonnement à deux journaux.

Voulant aussi se tenir au courant des progrès apportés à l'agriculture par des voisins placés dans de meilleures conditions, l'abonnement à deux journaux a été voté par le comité. Le *Propagateur agricole* du Cantal et le *Moniteur de la propriété* ont paru les plus propres à atteindre ce but.

### Lettre de M. le grand référendaire de la Chambre des Pairs.

M. le président a donné lecture au comité d'une lettre de M. le duc De Cazes à M. le Préfet. Le grand référendaire de la Chambre des Pairs désirant compléter la collection de toutes les variétés de vignes dont il a rétabli l'école et la culture au Luxembourg, le comité a chargé un de ses membres de vouloir

bien remplir le désir de M. le grand référendaire.
Le comité accepte avec reconnaissauce l'offre bien-
veillaute contenue dans cette lettre, et charge le
secrétaire de demander, par l'intermédiaire de M. le
secrétaire-perpétuel de la Société de la ville de Mende,
les espèces de vignes qui pourraient convenir le plus à
notre climat.

*Introduction d'un raisin appelé* Tachoir *ou* Teinturier.

L'attention du comité éveillée sur ce point, un de
ses membres a dit que la couleur du vin de la localité
étant faible et peu prononcée, il pourrait convenir
peut-être à quelques propriétaires de la corroborer,
par le raisin appelé *Tachoir* ou *Teinturier* cultivé
surtout en Auvergne. Un de ses membres a été également chargé de procurer au Comice cette variété
de raisin.

*Prime accordée à Madame Vincens.*

Une prime de vingt-cinq francs a été accordée à
M.me Vincens, dont les titres à cet encouragement
pour l'industrie séricicole ont déjà été appréciés.

*Pétition de la dame veuve Roux de Chanac.*

La dame veuve Roux, de Nismes, demeurant à
Chanac a adressé au Comice une demande afin d'obtenir une récompense pour avoir élevé une certaine
quantité de vers à soie ; « pour avoir porté la pre-
» mière dans notre pays une industrie qui est la
» source de tant de richesses. Sa demande est appuyée
» de l'attestation des conseillers municipaux et prin-
» cipaux habitans de la commune de Chanac qui
» témoignent de ses efforts pour lutter contre les
» difficultés que cette dame a éprouvées pour se pro-
» curer la feuille nécessaire à cette entreprise. »

Le comité regrette de ne pouvoir accueillir, comme elle le mériterait, la demande de la dame veuve Roux. Il charge le secrétaire de témoigner à cette dame les regrets de son impuissance pour cette fois, espérant plus tard, lorsque ses ressources seront accrues, pouvoir lui accorder un encouragement si elle persévère dans ses louables efforts.

Et ont le président et le secrétaire signé :

D'Espinassoux, D. d'Eimar de Jabrun.

Pour copie conforme :

*Le Secrétaire du Comice agricole,*

D. d'EIMAR de JABRUN.

---

Procès-verbal de distribution de primes.

Aujourd'hui premier décembre, jour de foire dite Saint-André, le Comice, au nombre de 25 membres, présidé par M. le Sous-préfet et M. d'Espinassoux, s'est transporté sur la partie du champ de foire, dite l'Esplanade, pour procéder aux termes de son programme, à la distribution des primes d'encouragement.

La prime de 3o fr. destinée au plus bel élève, cheval ou mulet, a été décernée à M. Deltour, propriétaire au lieu du Bergougnous, pour un cheval bai, âgé de 3o mois.

La prime de 25 fr., destinée au plus beau taureau, été accordée à M. Laurent (Jean-David), propriétaire, restant au domaine de Labaume, pour un taureau poil brun-blaireau, âgé de 28 mois.

La prime de 4o fr., pour une paire de bœufs, a été accordée à M. Pierre Mas, de Sinières-Croses, pour une paire de bœufs, de l'âge de 3 ans, nés et élevés dans ses écuries.

La prime de 3o fr., pour une vache laitière, a

été accordée à l'hospice de Marvejols, pour une génisse de 18 mois, poil brun tacheté de blanc, ayant déjà subi le taureau.

Enfin, les primes de 15 francs, pour le plus beau bélier, ont été obtenues, pour l'espèce de causse, par M. Pascal (Pierre), du lieu de Boudons, et pour celle de montagne ; par M Gachon, du lieu de Javols.

Le Comice s'est retiré satisfait de ce 1.er concours. Quoique tenu dans des circonstances défavorables, sa publicité n'ayant pas été annoncée assez long-temps à l'avance, et les bestiaux ayant par conséquent fait défaut : cependant l'affluence qu'il a attirée, le zèle et l'intérêt qu'il a excités, la justesse et le dicernement des choix faits par les membres du Comice, et l'acquisition faite par le Comice de dix membres éclairés, et tous notables propriétaires ; ces résultats obtenus permettent au Comice de se livrer à l'espérance d'un prospère avenir. Cet établissement dont M. le le Sous-préfet a, le premier, conçu la pensée, pour lequel son zèle ne se ralentit jamais, exercera sur l'agriculture la plus heureuse influence.

Ont le Président et le Secrétaire signé :

D'ESPINASSOUX, *Président*,

D'EIMAR DE JABRUN, *Secrétaire*,

---

# COMICE AGRICOLE

### DE FLORAC.

Dans sa première séance, le Comice a organisé son bureau ainsi qu'il suit :

*Président honoraire*, M. le Sous-préfet.
*Président*, M. De Cabot de la Fare.
*Vice-président*, M. Mathieu, juge d'instruction.
*Secrétaire*, M. Albaric, pasteur.
*Trésorier*, M. Pons (Théophile).

Séance *du* 25 *juillet* 1840.

Il est donné lecture du procès-verbal de la précédente séance, et de lettres de plusieurs membres du Comice, qui s'excusent de ne pouvoir assister à la séance de ce jour.

M. le président donne ensuite communication d'une lettre de M. le Préfet, en date du 6 juin dernier, qui annonce une subvention de 300 fr. en faveur du Comice, de la part de M. le Ministre de l'Agriculture et du Commerce, et qui prescrit de s'occuper à l'avance des moyens d'appliquer cette subvention le plus utilement possible, et dans le courant de l'année, à sa destination.

Après une discussion approfondie sur le meilleur emploi à donner à cette somme de 300 francs, le Comice décide qu'elle sera affectée aux objets ci après:

1.º *Achat de graines, etc.*

1.º Trèfle incarnat, 50 kilogr., prix présumé 50 fr.
2.º Spergule       50 *id.*     *id.*       50
3.º Avoine de Hongrie, pour une somme de 40
4.º Orge à 4 barbes, pour une somme de 40
5.º Mûrier Moretti, 250 pieds, de deux ans 25
6.º Jarousse pour une somme de       25
7.º Semis de pin, de fayard, de pin mélèze, pour 20
8.º Charrue montagnarde, versoir en fonte   48
                                            ———

Ensemble     298

*Nota.* Les graines de céréales et de plantes fourragères et les semis d'arbres seront distribués à des cultivateurs intelligens, et pour les terroirs auxquels les unes et les autres seront jugés pouvoir convenir, pour que le comice puisse décider ultérieurement, d'après les résultats obtenus, s'il est utile d'en encourager la culture.

2.º *Primes d'encouragement.*

1.º Pour le plus beau poulain, cheval ou mulet 25 fr.

2.º Pour le plus beau taureau             20

3.º Pour le plus beau bélier            10

4.º Pour le plus bel agneau           5

             D'autre part      298

                 Total        358

La distribution des primes aura lieu le 7 décembre prochain, sur la proposition d'un jury nommé par le Comice ; les propriétaires de l'arrondissement seront informés du lieu, de l'heure et des conditions du concours, au moyen d'un placard affiché dans toutes les communes. Ce concours permettra de constater l'état présent de l'éducation des bestiaux, dans le ressort du Comice, et d'apprécier, plus tard, les succès obtenus dans l'amélioration des races.

Les sommes affectées aux divers objets sus-mentionnés, formant un total supérieur à celui de la subvention allouée au Comice, il est décidé que l'excédant sera pris dans le produit de la cotisation des membres de l'association.

Fait et clos, à Florac, les jour et an que dessus.

     Signés De Cabot de la Fare, président,

        Albaric, pasteur, secrétaire.

Pour copie conforme :

        *Le Secrétaire,*

ALBARIC, pasteur.

---

### Procès-verbal de distribution de primes.

Le Comice s'est réuni à l'heure de midi, dans la salle de ses séances, cejourd'hui 7 décembre 1840.

M. De Cabot de la Fare, président, rappelle qu'aux termes de sa délibération du 25 juillet dernier, le

Comice doit procéder ce jour même à la distribution des primes par lui votées pour encourager l'éducation des bestiaux et l'amélioration des races dans l'arrondissement de Florac.

Il ajoute que, pour se conformer au programme préalablement affiché en placard dans toutes les communes, il y a lieu de s'occuper immédiatement de la composition du jury auquel doit être confié le soin de se transporter sur le champ de foire, pour examiner les élèves présentés au concours et pour adjuger les primes.

Le Comice désigne pour cette opération MM. de Cabot de la Fare, son président, et Albaric, son secrétaire, et MM. Lauriol, maire de la commune de Saint-Martin-de-Lansuscle, Larguier, maire de la commune de Saint-Germain-de-Calberte, et Sauvage, père, de Florac.

Avant de procéder à l'exécution de leur mandat, les membres composant le jury jugent utile de faire prévenir le public, à son de trompe, qu'ils se transporteront sur le champ de foire, à deux heures précises de l'après-midi, pour la distribution des primes.

Cette publication faite, et l'heure venue, le jury s'est rendu au lieu indiqué, où, après un examen sérieux de tous les élèves présentés au concours, il a adjugé et fait proclamer les primes comme suit :

1.º Celle de 25 fr. destinée au plus bel élève, cheval ou mulet, a été partagée *ex æquo* entre une pouliche de six mois, présentée par le sieur Brajon (Jean), fermier du domaine de Champferrier, commune des Bondons, et un mulet de sept mois présenté par M. Liautard, expert-géomètre, domicilié à Florac.

2.º La seconde, de 20 fr., a été adjugée au sieur Daudé ( Jean-François ), propriétaire, du lieu et commune des Bondons, comme ayant présenté le plus beau taureau.

3.º La troisième, de 10 fr., était destinée au plus beau bélier ; un seul bélier a été présenté, et n'a pas été jugé digne de toute la prime. La moitié seulement a été accordée, à titre d'encouragement, au propriétaire M. Bazalgette, maire de la commune des Bondons.

4.º La dernière, de 5 fr., était destinée au plus bel agneau. Deux agneaux de même âge et de belle race ont également fixé l'attention du jury qui, au moyen de la retenue faite sur la troisième prime, a pu accorder cinq francs à chacun des possesseurs des agneaux, les sieurs Jourdan, propriétaire, domicilié à Rhunes, commune de Fraissinet-de-Lozère, et Boutin (Calixte), propriétaire, domicilié au Cros, commune des Bondons.

Des certificats constatant que les animaux présentés au concours ont été nourris et élevés dans les propriétés des concurrents, ayant été fournis au jury, le trésorier du Comice a été invité à délivrer immédiatement le montant des primes aux personnes à ce intéressées.

De tout quoi a été dressé etc.

Pour copie certifiée conforme :

*Le Secrétaire du Comice*,

ALBARIC, pasteur.

*Plants de Vigne.*

On a déjà cité plus haut, page 95, l'empressement que M. Renouard, Sous-préfet, président honoraire du Comice agricole de Florac, avait mis pour prêter son concours à la Société, dans la demande faite des variétés de vignes du département pour l'école du Luxembourg, et du vœu qu'il avait émis d'obtenir, en échange, des espèces de cet établissement les plus productives et les plus précoces ; vœu qui a été accueilli par M. le grand référendaire de la Chambre des Pairs, par ses lettres à M. le Préfet, des 21 janvier et 26 avril 1841, ce qui fait espérer quelques améliorations dans l'œnologie départementale.

La Société se félicite d'avoir pu faire connaître une partie des travaux des Comices, et elle s'empressera de publier toutes les communications qu'ils voudront bien lui adresser.

# DOCUMENS STATISTIQUES

SUR LE

## DÉPARTEMENT DE LA LOZÈRE.

Les mémoires de la Société ( années 1834 - 1835 et 1835 - 1836) contiennent un grand nombre de documens concernant notre statistique départementale ; les suivans sont extraits du nouveau volume de la Statistique de la France, publiée par le Ministre de l'Agriculture et du Commerce.

Ce volume est le quatrième de la collection, que M. le Ministre a bien voulu accorder à la Société ; il comprend, dans ses deux tomes, la statistique agricole de la France orientale formée des 43 départemens à l'Est du méridien de Paris.

Ces départemens sont divisés en deux sections ; la première donne la statistique agricole des 21 départemens du Nord oriental de la France, et la deuxième celle des 22 du Midi oriental ; cette dernière, dont le département de la Lozère fait partie, sous le n.o 21, est ainsi subdivisée :

1.o *Départemens* frontières : l'Ain, l'Isère, les Hautes-Alpes, les Basses-Alpes :

2.o *Départemens maritimes :* le Var, les Bouches-du-Rhône, le Gard, l'Hérault, l'Aude, les Pyrénées-Orientales.

3.o *Départemens intérieurs :* l'Allier, Saône-et-Loire, le Rhône, le Puy-de-Dôme, la Loire, le Cantal, la

Haute-Loire, l'Ardèche, la Drôme, l'Aveyron, la Lozère, et Vaucluse.

Chaque division du territoire a trois séries de tableaux statistiques reproduisant tous les faits agricoles sous des points de vue différens.

La première série concentre ces faits dans chacun des départemens auxquels ils appartiennent.

La seconde série énumère tous les produits ruraux ; chacun d'eux y est l'objet d'un tableau spécial, où la production de chaque sorte de culture est exprimée non – seulement par département, mais encore par arrondissement.

La troisième série récapitule à la fois les deux autres par départemens et par produits ruraux.

Dans le rapport fait au Roi, en présentant ce volume, le 30 mai 1840, on trouve des données numériques d'une haute importance ;

1.o Sur l'étendue des cultures ;

2.o La quantité et la valeur des semences ;

3.o La quantité et valeur de la production annuelle ;

4.o La consommation ;

5.o Les pâturages ;

6.o Les bois et forêts ;

7.o L'étendue et valeur du domaine agricole ;

8.o Le nombre et valeur des animaux domestiques ;

9.o Le nombre d'animaux abattus pour la consommation ;

10.o La quantité et valeur de la viande consommée.

Dans les 43 départemens situés à l'Est du méridien de Paris, sur 26 millions d'hectares, 9,600,000, ou beaucoup plus d'un tiers, sont occupés par les cultures. Mais si l'on se borne à énumerer les cultures pro-

prement dites, en rejetant même les prairies artificielles parmi les pâturages, il y a seulement 8,863,000
hectares cultivés, ou 1 sur 3. Dans la région septen-
trionale, on compte, à peu près, 10 hectares cultivés
sur 25 ; dans celle du midi, 10 sur 34.

La surface totale de ces cultures est distribuée en
trois parties principales, savoir :

Céréales. . . 6,538,198 hect. les trois quarts.
Vignes. . . . 897,423 un dixième.
Cultures diverses. 1,428,081 un sixième.

C'est plus d'un hectare en culture pour chaque couple
d'habitans.

La masse des céréales prélevée, chaque année, sur la
production pour l'ensemencement des terres, est formée
de 5 millions et demi d'hectolitres de froment et
d'épautre, et de plus de trois millions et demi de méteil
et de seigle. Les autres sortes ajoutent à ces quantités au-
delà de 5 millions ; ce qui fait annuellement 14 à 15
millions d'hectolitres employés uniquement à la reproduction des céréales. La quantité de semence pour un
hectare ne varie pas beaucoup ; elle excède 2 hectolitres
pour les céréales principales, au nord ainsi qu'au
midi. Elle est un peu plus grande pour l'orge et plus
encore pour l'avoine. Les pommes de terre exigent
plus de 6 millions d'hectolitres à raison de 12 et demi
par hectare.

On ne donne ci-après qu'une partie des tableaux,
mentionnés plus haut ; on pourra compléter cet extrait
pour les suivans, dans le prochain volume des annales
de la Société.

On remarquera dans le premier tableau ci-après
qu'il y a erreur dans le nombre des communes du
département, qui est de 193 au lieu de 188.

# TABLEAU

## DU TERRITOIRE ET DE LA POPULATION DES DEPARTEMENTS

### DE LA REGION DU MIDI ORIENTAL DE LA FRANCE.



| DEPARTEMENTS. | NOMBRE | | ÉTENDUE DU TÉRRITOIRE | | POPULATION | |
|---|---|---|---|---|---|---|
| | D'ARRONDIS-SEMENTS. | de COMMUNES, | en HECTARES, | en MYRIAMÈTRES carré. | TOTALE | par MYRIAMÈTRE carré, |
| | | | | myr. kilom. | | |
| Lozère......... | 3 | 188 | 514,795 | 51. 48 | 141,733 | 2,753 |

# 1.° PRODUCTION AGRICOLE.



| NATURE DES CULTURES. | ÉTENDUE des cultures en hectares. | UNITÉ de la quantité des produits. | QUANTITÉ TOTALE. | | | CONSOMMATION. | | QUANTITÉ PAR HECTARE. | | | PRIX MOYEN en francs. | VALEUR TOTALE EN FRANCS. | | | | VALEUR MOYENNE PAR HECTARE, EN FRANCS. | | |
|---|---|---|---|---|---|---|---|---|---|---|---|---|---|---|---|---|---|---|
| | | | Produit. | Semence. | Produit disponible. | totale. | par habitant. | Produit. | Semence. | Produit disponible. | | Produit. | Semence. | Produit disponible. | Consommation. | Produit. | Semence. | Produit disponible. |
| Froment. | 8,272 00 | Hectolitre. | 60,416 | 16,771 | 43,645 | 43,803 | 0. 31 | 7. 30 | 2. 03 | 6. 27 | 17. 10 | 1034,176 | 285,548 | 748,628 | 747,148 | 124. 85 | 34. 70 | 90. 15 |
| Méteil. | 3,964 00 | Idem. | 31,573 | 7,665 | 23,618 | 31,225 | 0. 22 | 7. 96 | 2. 01 | 5. 95 | 14. 45 | 456,720 | 115,340 | 341,380 | 452,572 | 115. 00 | 29. 05 | 85. 95 |
| Seigle. | 43,685 00 | Idem. | 353,161 | 87,370 | 265,791 | 283,728 | 2. 00 | 8. 08 | 2. 00 | 6. 08 | 12. 80 | 4512,735 | 1105,312 | 3407,423 | 3704,868 | 103. 40 | 25. 60 | 77. 80 |
| Orge. | 7,715 00 | Idem. | 81,106 | 15,430 | 65,676 | 76,327 | » | 10. 51 | 2. 00 | 8. 51 | 10. 60 | 857,882 | 163,464 | 694,418 | 806,060 | 111. 40 | 21. 20 | 90. 20 |
| Avoine. | 10,612 00 | Idem. | 78,438 | 21,224 | 57,214 | 43,265 | » | 7. 39 | 2. 00 | 5. 39 | 7. 90 | 619,274 | 167,692 | 451,582 | 341,650 | 58. 40 | 15. 80 | 42. 60 |
| Maïs et Millet. | 26 00 | Idem. | 270 | 28 | 242 | 168 | » | 10. 38 | 1. 08 | 9. 30 | 9. 90 | 2,680 | 280 | 2,400 | 1,533 | 102. 75 | 10. 70 | 92. 05 |
| Vignes.. { Vins. | 983 00 | Idem. | 14,270 | » | 14,270 | 62,938 | » | 14. 52 | » | 14. 52 | 10. 60 | 151,565 | » | 151,565 | 627,262 | 153. 90 | » | 153. 90 |
| Vignes.. { Eau-de-vie. | » | Idem. | » | » | » | 566 | » | » | » | » | 65. 90 | » | » | » | 37,314 | » | » | » |
| Bière forte. | » | Idem. | 825 | » | 825 | 825 | » | » | » | » | 45. 00 | 28,875 | » | 28,875 | 28,875 | » | » | » |
| Pommes de terre. | 1,458 00 | Idem. | 145,702 | 17,459 | 128,243 | 135,592 | 0. 96 | 99. 93 | 11. 97 | 87. 96 | 2. 25 | 330,426 | 39,458 | 290,968 | 306,994 | 224. 85 | 26. 95 | 197. 90 |
| Sarrasin. | 755 00 | Idem. | 8,038 | 1,010 | 7,029 | 7,434 | » | 10. 65 | 1. 34 | 9. 31 | 9. 65 | 77,594 | 9,540 | 68,054 | 71,534 | 102. 75 | 12. 95 | 89. 80 |
| Légumes secs. | 350 00 | Idem. | 3,819 | 594 | 3,225 | 2,503 | 0. 02 | 10. 91 | 1. 70 | 9. 21 | 16. 23 | 61,986 | 9,817 | 52,179 | 42,105 | 177. 30 | 27. 60 | 149. 70 |
| Jardins. | 570 39 | » | » | » | » | » | » | » | » | » | » | 156,857 | » | 156,857 | 156,857 | 275. 00 | » | 275. 00 |
| Muriers (soie en cocons). | 465 50 | » | » | » | » | » | » | » | » | » | » | 649,410 | » | 649,410 | 649,410 | 1395. 05 | » | 1395. 05 |
| Prairies naturelles. | 38,271 00 | Quintal mét. | 997,073 | » | 997,073 | 997,073 | » | 26. 05 | » | 26. 05 | 3. 40 | 3406,642 | » | 3406,642 | 3406,642 | 88. 55 | » | 88. 55 |
| —— artificielles. | 792 00 | Idem. | 22,701 | » | 22,701 | 22,701 | » | 28. 66 | » | 28. 66 | 4. 00 | 90,804 | » | 90,804 | 90,804 | 114. 65 | » | 114. 65 |
| | | Kilogram. | » | 19,481 | » | » | » | » | 15. 00 | » | » | » | 26,125 | » | » | » | 33. 75 | » |
| Pâtis, Landes, Bruyères. | 230,831 84 | » | » | » | » | » | » | » | » | » | » | » | » | » | » | » | » | » |
| Jachères. | 73,993 08 | » | » | » | » | » | » | » | » | » | » | » | » | » | » | » | » | » |
| Bois.. { de l'État. | 1,436 00 | Stère. | 4,868 | » | 4,868 | » | » | 3. 39 | » | 3. 39 | 3. 00 | 14,604 | » | 14,604 | » | 10. 15 | » | 10. 15 |
| Bois.. { des communes et des particuliers. | 43,892 27 | Idem. | 165,575 | » | 165,575 | » | » | 3. 77 | » | 3. 77 | 3. 00 | 496,725 | » | 496,725 | » | 11. 30 | » | 11. 30 |
| Châtaigneraies. | 30,085 00 | Hectolitre. | 53,833 | » | 53,833 | 46,507 | » | 1. 79 | » | 1. 79 | 11. 30 | 608,928 | » | 608,928 | 526,080 | 20. 20 | » | 20. 20 |
| Vergers, Pépinières, Oseraies. | 660 00 | » | » | » | » | » | » | » | » | » | » | » | » | » | » | » | » | » |
| Total de l'étendue du domaine agricole | 498,817 00 | | | | | | | | | | | | | | | | | |

# 2.º ANIMAUX DOMESTIQUES.

| ANIMAUX. | NOMBRE. | PRIX MOYEN en francs. | VALEUR TOTALE. | REVENU | |
|---|---|---|---|---|---|
| | | | | TOTAL. | MOYEN. |
| Taureaux,............ | 4,024 | 55. 00 | 221,975 | 50,627 | 13. 00 |
| Bœufs............... | 10,826 | 118. 00 | 1,274,920 | 195,128 | 18. 00 |
| Vaches.............. | 14,967 | 70. 00 | 1,046,156 | 283,016 | 19. 00 |
| Veaux,............. | 7,829 | 14. 00 | 112,230 | 28,195 | 3. 80 |
| Total des bestiaux.. | 37,646 | » | 2,655,281 | 556,966 | » |
| Béliers........... | 3,909 | 15. 00 | 58,715 | 11,048 | 2. 85 |
| Moutons,........... | 167,830 | 12. 00 | 2.050,624 | 378,101 | 2. 25 |
| Brebis............. | 119,995 | 8. 00 | 981,270 | 256,485 | 2. 15 |
| Agneaux........... | 85,775 | 3. 50 | 298,203 | 100,414 | 1. 15 |
| Total des troupeaux | 377,509 | » | 3.388,812 | 746,048 | » |
| Porcs............. | 14,149 | 47. 00 | 662,035 | 283,194 | 20. 00 |
| Chèvres........... | 5,507 | 10. 00 | 55.181 | 60,998 | 11. 00 |
| Chevaux........... | 2,186 | 122. 00 | 265,640 | 44,956 | 21. 00 |
| Jumens............ | 3,623 | 98. 00 | 355,640 | 72,460 | 20. 00 |
| Poulains.......... | 1,200 | 34. 00 | 40,840 | 18,460 | 15. 00 |
| Total des chevaux. | 7,009 | » | 662,120 | 135,876 | » |
| Mules et Mulets.... | 2,102 | 139. 00 | 291,590 | 68,934 | 33. 00 |
| Anes et Anesses.... | 572 | 32. 00 | 18,284 | 4,726 | 8. 00 |
| Totaux,......... | » | » | 7,733,303 | 1,856,742 | » |

# CONSOMMATION DE LA VIANDE.

| ANIMAUX. | NOMBRE d'animaux abattus annuellement. | POIDS en kilogrammes. | | QUANTITÉ DE VIANDE consommée (en kilogrammes). | | PRIX moyen du kilogramme | VALEUR totale de la viande consommée en francs. |
|---|---|---|---|---|---|---|---|
| | | Brut. | Net. | totale, | par habitant, | | |
| Bœufs. . . . . . . . . . | 294 | 327 | 196 | 52,587 | | 0. 65 | 36,424 |
| Vaches. . . . . . . . . | 1,283 | 222 | 133 | 170,763 | 1. 61 | 0. 50 | 86.147 |
| Veaux. . . . . . . . . . | 7,165 | 37 | 22 | 160,404 | 1. 13 | 0. 70 | 109,541 |
| Total des bestiaux. | 8,742 | » | » | 388,754 | 2. 74 | » | 232,112 |
| Moutons. . . . . . . . . | 12,160 | 32 | 19 | 233,660 | | 0. 80 | 183,693 |
| Brebis. . . . . . . . . | 18,515 | 23 | 14 | 263,094 | 3. 50 | 0. 60 | 153,472 |
| Agneaux, . . . . . . . . | 2,888 | 5 | 3 | 9,240 | 0. 06 | 0. 65 | 6,175 |
| Total des moutons. | 33,563 | » | » | 505,994 | 3. 56 | » | 343,340 |
| Porcs . . . . . . . . . | 16,984 | 120 | 96 | 1,631,572 | 11. 51 | 0. 90 | 1,466,501 |
| Cuèvres. . . . . . . . . | 889 | 35 | 21 | 18,470 | 0. 13 | 0. 30 | 5,929 |
| Totaux. . . . . . . | » | » | » | 2,544,790 | 17. 94 | » | 2,047,882 |

# TABLEAU

## DE LA PROPRIÉTÉ ET DE LA CONTRIBUTION FONCIÈRE.

| DÉPARTEMENT. | ÉTENDUE TOTALE en hectares. | NOMBRE D'HECTARES. | | NOMBRE DE MAISONS ET AUTRES BÂTIMENS. | | TOTAL de la CONTRIBUTION foncière en principal. | PARTIE DE CETTE CONTRIBUTION afferente | | COTE MOYENNE. | |
|---|---|---|---|---|---|---|---|---|---|---|
| | | imposables. | non imposables. | imposables. | non imposables. | | aux propriétés non bâties. | aux propriétés bâties. | par hectare imposable. | par maison ou usine imposables. |
| | | | | | | | fr. | fr. | fr. c. | fr. c. |
| LOZÉRE :............. | 514,795 00 | 498,830. 00 | 15,965 00 | 30,507 | 482 | 590,695 | 524,902 | 65,793 | 1. 05 | 2. 14 |

## PRODUCTION AGRICOLE PAR NATURE DE PRODUITS.

| ARRONDISSEMENS. | NATURE DES CULTURES. | ÉTENDUE des cultures en hectares. | QUANTITÉ TOTALE EN HECTOLITRES. | | | CONSOMMATION | | QUANTITÉ PAR HECTARE en hectolitres. | | | PRIX MOYEN de l'hectolitre en francs. | VALEUR TOTALE EN FRANCS. | | | | VALEUR MOYENNE PAR HECTARE, EN FRANCS. | | |
|---|---|---|---|---|---|---|---|---|---|---|---|---|---|---|---|---|---|---|
| | | | Produit. | Semence. | Produit disponible. | totale. | par habitant. | Produit. | Semence. | Produit disponible. | | Produit. | Semence. | Produit disponible. | Consommation. | Produit. | Semence. | Produit disponible. |
| Mende...... | Froment...... | 3,196 00 | 21,796 | 6,452 | 15,344 | 16,711 | 0. 36 | 6. 82 | 2. 02 | 4. 80 | 16. 00 | 348,736 | 103,232 | 245,504 | 267,386 | 109. 10 | 32. 30 | 76. 80 |
| Florac...... | | 2,088 00 | 16,860 | 4,303 | 12,577 | 11,575 | 0. 28 | 8. 08 | 2. 06 | 6. 02 | 20. 00 | 337,600 | 86,060 | 251,540 | 231,500 | 161. 60 | 41. 20 | 120. 40 |
| Marvejols.... | | 2,988 00 | 21,740 | 6,016 | 15,724 | 15,517 | 0. 29 | 7. 28 | 2. 01 | 5. 27 | 16. 00 | 347,840 | 96,256 | 251,584 | 248,272 | 116. 50 | 32. 15 | 84. 35 |
| Totaux.. | | 8,272 00 | 60,416 | 16,771 | 43,645 | 43,803 | 0. 31 | 7. 30 | 2. 03 | 6. 27 | 17. 10 | 1034,176 | 285,548 | 748,628 | 747,148 | 124. 85 | 34. 70 | 90. 15 |
| Mende...... | Méteil....... | 1,350 00 | 10,860 | 2,700 | 8,160 | 10,960 | 0. 24 | 8. 04 | 2. 00 | 6. 04 | 13. 00 | 141,180 | 35,100 | 106,080 | 142,480 | 104. 50 | 26. 00 | 78. 50 |
| Florac...... | | 1,615 00 | 12,779 | 3,265 | 9,514 | 12,491 | 0. 30 | 7. 91 | 2. 02 | 5. 89 | 16. 00 | 204,464 | 52,240 | 152,224 | 199,856 | 126. 55 | 32. 30 | 94. 25 |
| Marvejols.... | | 999 00 | 7,934 | 2,000 | 5,934 | 7,874 | 0. 14 | 7. 94 | 2. 00 | 5. 94 | 14. 00 | 111,076 | 28,000 | 83,076 | 110,236 | 111. 15 | 28. 00 | 83. 15 |
| Totaux... | | 3,964 00 | 31,573 | 7,965 | 23,608 | 31,325 | 0. 22 | 7. 96 | 2. 01 | 5. 95 | 14. 45 | 456,720 | 115,340 | 341,380 | 452,572 | 115. 00 | 29. 05 | 85. 95 |

| ARRONDISSEMENS. | NATURE DES CULTURES. | ÉTENDUE des cultures en hectares. | QUANTITÉ TOTALE EN HECTOLITRES. | | | | | QUANTITÉ PAR HECTARE en hectolitres. | | | PRIX MOYEN de l'hectolitre en francs. | VALEUR TOTALE EN FRANCS. | | | | VALEUR MOYENNE PAR HECTARE, EN FRANCS. | | |
|---|---|---|---|---|---|---|---|---|---|---|---|---|---|---|---|---|---|---|
| | | | Produit. | Semence. | Produit disponible. | Consommation totale. | Consommation par habitant. | Produit. | Semence. | Produit disponible. | | Produit. | Semence. | Produit disponible. | Consommation. | Produit. | Semence. | Produit disponible. |
| Mende | Seigle | 15,809 00 | 127,968 | 31,618 | 96,350 | 93,746 | 2.03 | 8.09 | 2.00 | 6.09 | 12.00 | 1,535,616 | 379,416 | 1,156,200 | 1,124,952 | 97.10 | 24.00 | 73.10 |
| Florac | | 7,328 00 | 72,081 | 14,656 | 57,425 | 80,324 | 1.94 | 9.84 | 2.00 | 7.84 | 15.60 | 1,124,464 | 228,634 | 895,830 | 1,253,054 | 153.50 | 31.20 | 122.30 |
| Marvejols | | 20,548 00 | 153,112 | 41,096 | 112,016 | 109,658 | 2.03 | 7.45 | 2.00 | 5.45 | 12.10 | 1,852,655 | 497,262 | 1,355,393 | 1,326,862 | 90.15 | 24.20 | 65.95 |
| Totaux | | 43,685 00 | 353,161 | 87,370 | 265,791 | 283,728 | 2.00 | 8.08 | 2.00 | 6.08 | 12.80 | 4,512,735 | 1,105,312 | 3,407,423 | 3,704,868 | 103.40 | 25.60 | 77.80 |
| Mende | Orge | 2,375 00 | 25,226 | 4,750 | 20,476 | 24,786 | » | 10.62 | 2.00 | 8.62 | 10.00 | 252,260 | 47,500 | 204,760 | 247,860 | 106.20 | 20.00 | 86.20 |
| Florac | | 2,182 00 | 22,296 | 4,364 | 17,932 | 20,376 | » | 10.21 | 2.00 | 8.21 | 12.10 | 269,782 | 52,804 | 216,978 | 246,550 | 123.55 | 24.20 | 99.35 |
| Marvejols | | 3,158 00 | 33,584 | 6,316 | 27,268 | 31,165 | » | 10.63 | 2.00 | 8.63 | 10.00 | 335,840 | 63,160 | 272,680 | 311,650 | 106.30 | 20.00 | 86.30 |
| Totaux | | 7,715 00 | 81,106 | 15,430 | 65,676 | 76,327 | » | 10.51 | 2.00 | 8.51 | 10.60 | 857,882 | 163,464 | 694,418 | 806,060 | 111.40 | 21.20 | 90.20 |
| Mende | Avoine | 3,380.00 | 21,748 | 6,760 | 14,988 | 13,580 | » | 6.43 | 2.00 | 4.43 | 8.00 | 173,984 | 54,080 | 119,904 | 108,640 | 51.45 | 16.00 | 35.45 |
| Florac | | 4,199.00 | 32,921 | 8,308 | 24,523 | 17,881 | » | 7.84 | 2.00 | 5.84 | 7.75 | 255,138 | 65,084 | 190,054 | 138,578 | 60.75 | 15.50 | 45.25 |
| Marvejols | | 3,033.00 | 23,769 | 6,066 | 17,703 | 11,804 | » | 7.84 | 2.00 | 5.84 | 8.00 | 190,152 | 48,528 | 141,624 | 94,432 | 62.70 | 16.00 | 46.70 |
| Totaux | | 10,612.00 | 78,438 | 21,224 | 57,214 | 43,265 | » | 7.39 | 2.00 | 5.39 | 7.90 | 619,274 | 167,692 | 451,582 | 341,650 | 58.40 | 15.80 | 42.60 |
| Mende | Maïs et Millet | » | » | » | » | » | » | » | » | » | » | » | » | » | » | » | » | » |
| Florac | | 16.00 | 160 | 16 | 144 | 138 | • | 10.00 | 1.00 | 9.00 | 8.50 | 1,360 | 136 | 1,224 | 1,173 | 85.00 | 8.50 | 76.50 |
| Marvejols | | 10.00 | 110 | 12 | 98 | 30 | • | 11.00 | 1.20 | 9.80 | 12.00 | 1,320 | 144 | 1,176 | 360 | 132.00 | 14.40 | 117.60 |
| Totaux | | 26.00 | 270 | 28 | 242 | 168 | » | 10.38 | 1.08 | 9.30 | 9.90 | 2,680 | 280 | 2,400 | 1,533 | 102.75 | 10.70 | 92.05 |

# NOTICE

SUR

## LES MONUMENS ANTIQUES

ET

## DU MOYEN AGE

DU DÉPARTEMENT DE LA LOZÈRE ;

PAR M. J. J. M. IGNON, Secrétaire perpétuel.

Le département de la Lozère, ancien Gévaudan, est celui de toute la France sur lequel on a peut-être le moins écrit. La notice que je donne de ses monumens antiques et du moyen âge ne peut être offerte que comme un essai. Les recherches pour les reconnaitre étaient d'autant plus pénibles qu'on manquait de renseignemens sur leur existence et qu'il a fallu parcourir le pays en tout sens pour aller à la découverte ; ce qui ne m'a pas permis de remplir, aussi vite et aussi complétement que je l'aurais désiré, la commission honorable que je devais à la bienveillance du premier magistrat de ce département (1).

En l'acceptant, je n'ai consulté que mon zèle et le désir de voir figurer mon pays dans le précieux recueil que se propose de publier l'académie royale des inscriptions et belles-lettres sur les richesses monumentales de notre belle France ; cependant je ne

_______

(1) M. Joseph Moreau, préfet de la Lozère me confia cette commission, par arrêté du 25 mai 1819, approuvé le 3 juin suivant par M. De Cazes, ministre de l'intérieur.

18

( 138 )

me suis pas dissimulé les difficultés que j'aurais à
surmonter dans un département où personne ne s'était
occupé d'archéologie, avant M. le Préfet Gamot. Sa
notice manuscrite fut adressée au Gouvernement, en
1814, et envoyée, par M. le Ministre de l'intérieur,
à l'académie, qui, dans sa séance du 23 septembre
de la même année, entendit le rapport des commissaires chargés de son examen.

Cette notice me fut communiquée avant d'entre-
prendre mon travail. En rendant hommage au zèle
de M. Gamot pour faire connaître ce que possédait
en antiquités le département confié à son administration, zèle qui a mérité les éloges de la commission
de l'académie, nous devons regretter que la plupart
des renseignemens qui lui ont été fournis, sur des
objets qu'il n'avait pu vérifier lui-même, soient
souvent peu exacts et parfois erronnés. Je me per-
mettrai de relever ces inexactitudes et ces erreurs, à
mesure que j'aurai à parler des mêmes objets, et
cette tâche, quoique pénible, je la remplirai dans
l'intérêt de la vérité.

J'aurai à citer aussi, quelquefois, le père L'Ouvreleul, prêtre de la doctrine chrétienne, directeur
et professeur de théologie morale au séminaire de
Mende, qui a publié un ouvrage ayant pour titre :
*Mémoires historiques sur le pays de Gévaudan et sur
la ville de Mende, qui en est la capitale, pour servir
au dictionnaire universel de la France. Petit in-8.°*
imprimé à Mende, à peu près en 1724, l'édition ne
portant pas de date (2). Quoiqu'il parle peu de nos

---

(2) Le P. L'Ouvreleul rédigea ces mémoires, sur l'invitation du
subdélégué de l'intendant de la province de Languedoc, à l'époque
où tous les intendans du royaume furent chargés de fournir un pareil
travail pour l'éducation de M. le duc de Bourgogne.

antiquités, et que ce qu'il en dit ne soit pas toujours
bien exact, on doit néanmoins lui savoir gré de son
ouvrage qui est le seul consacré spécialement à l'histoire de ce pays (3).

Voilà les faibles secours que j'ai eus à ma disposition : si le résultat de mes recherches n'est pas aussi
satisfaisant que dans les autres parties de la France
où elles ont été confiées à des hommes plus versés
dans l'archéologie, j'aurai du moins fourni des renseignemens qui mettront à même une plume mieux
exercée que la mienne à les décrire un jour d'une
manière plus convenable.

Je vais donner à ce mémoire les divisions suivantes :
1.º Monumens Celtiques ; 2.º Monumens Romains ;
3.º Monumens du Moyen âge.

## MONUMENS CELTIQUES.

### Dolmens (4).

Les monumens celtiques ou druïdiques, antérieurs
à la conquête des Gaules par les Romains, sont en
très-grand nombre dans le département. On en distingue de plusieurs espèces ; je vais parler d'abord
de ceux appelés *Dolmen*, suivant la dénomination
celtique ; et qui sont désignés en patois gévaudanois
sous le nom de *Peiros gigontos* (pierres de géant),
*Toumbo del Geion* ( tombeau du géant ), *Peiros
des Fados* (pierres des fées) etc.

----

(3) J'ai consulté quelques autres ouvrages , sous le rapport historique, et notamment l'histoire générale de Languedoc, par don de
Vic et don Vaissette ; mais je n'ai rien trouvé qui s'appliquât particulièrement à nos monumens. J'ai pris connaissance également de
deux mémoires qui ont été publiés pendant que je m'occupais de ma
commission, et j'ai été à même de constater certaines inexactitudes
qui, sur plusieurs points, m'ont paru devoir être réfutées.

(4) Dolmen est composé de deux mots celtiques *Dol*, table et
*Men*, pierre.

En considérant l'énormité des pierres qui servent de couverture à ces monumens, leur nature qui diffère souvent de celle des carrières qui sont sur les lieux-mêmes, leur emplacement presque toujours sur des éminences, on n'est pas surpris qu'on attribue leur construction à un pouvoir surhumain ; aussi leur a t-on donné le nom de Géant, pour exprimer leurs dimensions colossales, et dans la persuasion qu'il n'y avait qu'une race d'hommes extraordinaires, quelque génie ou des fées, qui eussent pu les édifier.

Ces Dolmens sont tous composés de pierres brutes et non taillées ; ils forment ordinairement une espèce de cabanne, fermée dans le fond par la couverture qui s'incline presque toujours jusqu'au sol, et présente sur le devant, qui est la partie la plus élevée, une ouverture ou porte d'entrée. On les a long-temps considérés comme des tombeaux ; quelques antiquaires admettent cette opinion dans certains cas ; mais il est assez généralement reconnu que c'étaient des autels qui servaient aux exercices religieux druïdiques, et une destination qui avait pour objet la religion pouvait seule réunir les bras des populations voisines pour vaincre les difficultés du transport dans des endroits d'un accès difficile et loin de toute habitation.

La plupart de ces autels sont placés sur les plateaux de nos montagnes qui primitivement étaient boisés, et ayant un horison très-étendu. On sait que les anciens choisissaient préférablement des lieux élevés pour les consacrer au culte, parce qu'ils étaient aperçus de très-loin et que cette élévation semblait les rapprocher davantage du ciel et établir des rapports plus directs avec la divinité.

Je vais décrire et donner les dimensions des Dolmens que j'ai vus, et je me contenterai, pour le moment, de désigner ceux qui m'ont été indiqués postérieurement à mes courses. Leur description ainsi que celle de tous les objets que je pourrai découvrir par la suite, feront la matière d'un supplément.

Je commencerai par l'arrondissement de Marvejols qui offre le plus grand nombre de monumens de ce genre, principalement sur les hauteurs qui avoisinent les vallons de Chanac, de la Canourgue et de Banassac. Cette multiplicité de Dolmens, et la fontaine, dite de St-Martin, dont il sera parlé ci-après, sembleraient indiquer que les druïdes avaient choisi cette contrée pour y établir un collége.

La commune de Chanac, chef-lieu de canton, sur la rive gauche du Lot, à 1 myriamètre 7 kilomètres de Mende, dépendant de l'arrondissement de Marvejols, possède dans son territoire deux Dolmens ; le premier, l'un des mieux conservés du département, est placé non loin du village de l'Aumède-haut, sur une éminence, d'où la vue s'étend fort loin. Ce quartier, qui est borné à l'est par le village de l'Aumède, au midi par *lou Serre del Pi* (la montagne du pin), au sud-ouest, par le village du Sec et au nord-est par celui de la Noujarède, tire son nom de la nature de ce monument, puisqu'il est appelé *lou Geion*. A quelque distance, on trouve des bois de chêne, bois sacrés qui étaient si recherchés dans le culte druïdique, à cause du Gui. (5)

---

(5) Des botanistes distingués ont révoqué en doute l'existence du Gui sur le chêne. On l'a recherché vainement sur ceux que nous avons dans ce pays. Ne serait-il pas possible que les Druïdes, par une espèce de jonglerie, l'implantassent furtivement sur ces arbres avant leurs cérémonies, afin de donner plus de merveilleux à cette production que le peuple n'apercevait sur le chêne qu'aux

La table ou couverture de ce Dolmen consiste en une seule pierre calcaire de 3 m. 10 c. de longueur, large d'un mètre 80 c., et dont l'épaisseur est de 60 c. Elle est inclinée du côté de l'est. Ses supports latéraux sont deux pierres aussi calcaires, posées de champ et presque parallèlement, ayant, celle du côté du midi 2 m. 50 c. de longueur, et celle du côté du nord 3 m. 10 c. Ils dépassent la table du côté de l'ouest où se trouve l'ouverture, laquelle a un mètre 4 c. d'abord, et n'offre au fond que 80 c. L'élévation du terrain à la couverture est d'un mètre dans la partie la plus haute et de 0,55 c. dans la plus basse. Cette table étant placée d'une manière oblique sur ses appuis présente une saillie d'un mètre près de l'ouverture et de 0,60 c. du côté du fond. On remarque sur le devant de ce monument une pierre enfoncée dans la terre de 0,30 c. d'élévation et de 1 m. 50 c. de longueur, dans la même direction que le support latéral du sud, mais non sur la même ligne.

Le second Dolmen est aux Fonds, village situé sur un *Causse* (6) ou plateau de montagne assez élevé, il est placé dans un terrain communal, à 3 m. de la route de Chanac à la Canourgue. Ce monument a été fouillé, au commencement de ce siècle. La table a été renversée ; elle a d'un côté 3 mèt. de longueur et de l'autre 2 m. 20 c. sur un mètre 05 de largeur et 0,39 d'épaisseur. Les pierres de support sont encore

époques déterminées par ces prêtres, qui le cueillaient avec la serpe d'or, surtout à la renaissance de l'année, en chantant *au Gui l'an neuf*.

(6) Le nom de *Caoussé*, dans l'idiôme du pays, qu'on a francisé en celui de *Causse* dérive du mot latin *Calx* et sert à désigner les plateaux calcaires, espèce de plaines de plusieurs lieues d'étendue qui constituent les montagnes de la partie du centre de ce départ.,

droites ; l'une a 3 m. o5 c. de longueur et l'autre
1 m. 60 c. L'ouverture qui visait au nord-est , a,
dans sa plus grande largeur 1 m. 59 c. , et dans sa
plus petite 1 m. o3 c. Son élévation au-dessus du sol
est d'un mètre.

Le territoire du village de Grèzes , commune de
Banassac, arrondissement de Marvejols, offre un
Dolmen presque intact ; il est placé sur un plateau
considérable qui domine un bassin très-découvert ,
ayant le château de Saint-Saturnin en face ; à l'est
la commune de Banassac , au nord-est le château de
Montferrand , et à l'ouest le chemin de Grèzes.

La table ou couverture de ce Dolmen , est d'une
pierre calcaire en partie cassée vers le fond ; elle est
inclinée du côté de l'ouest. Sa plus grande longueur ,
y compris la partie cassée , est de 3 m. 96 c.; sa largeur 1 m. 80 c. ; son épaisseur moyenne est de o,36 c.
Il est supporté par deux pierres posées verticalement :
celle du côté du nord a 3 m. 25 c. de longueur et
celle du côté du midi n'a qu'un m. 80 c. Son ouverture est à l'aspect de l'est ; elle a un mètre de
largeur. Son élévation au-dessus du sol est dans cette
partie de o,75 c. , tandis que le bout opposé repose
sur le sol. L'épaisseur des pierres d'appui est de
o,3o c. Cette table dépasse le support du côté du
nord de o,76 c. dans toute sa longueur. Elle présente ,
comme à l'Aumède, une pierre placée à côté de
l'ouverture de o,90 c. de longueur , o,5o de largeur et o,3o d'épaisseur.

Comme on a défriché le terrain au milieu duquel
se trouve ce monument , les ouvriers ont déposé un
tas de pierres considérable sur sa table , qui la couvre
presqu'en totalité.

Voici les Dolmens de cet arrondissement que je n'ai pas visités et qui m'ont été indiqués.

Dans la commune de Banassac, trois, savoir :

Un sur le causse du Montet ; près de la propriété de M. Labeaume, à la séparation du village de Rouges-Parets et de St-Saturnin ; les pierres latérales sont debout, sans couverture.

Le second à Malevielhete ; la table ou couverture s'est affaissée entre les pierres latérales.

Le troisième, qui est au village de la Tieule, se trouve enseveli sous un tas de pierres qui ne permet de voir que la table et l'ouverture.

Dans la commune de Chanac, au village de Cadoule, deux assez rapprochés l'un de l'autre.

La commune de Chirac en a deux :

Le premier, au quartier de la Fare est appelé la *Chazelle de Notre Dame* (petite maison de la Vierge), parce qu'on a supposé qu'il n'y avait qu'un pouvoir divin qui eût pu transporter la pierre qui couvre ce monument, tant elle est extraordinaire.

Le second, au quartier de Lacham, est connu sous le nom de *Chazelle de Rodier*, nom du propriétaire du terrain où il est placé.

Dans la commune de la Canourgue, un à Conques, dans une métairie appartenant à M.me la Rouverette, femme Puel.

Dans la commune de Cultures, un au village de Pommiers, au lieu appelé le *Serre-Biel* (la montagne vieille) ; de 3 m. 74 c. de longueur et de 1 m. 99 c. de largeur. Il fut fouillé dans les premiers jours de juin 1829, le sol au-dessous de la table était recouvert de petites dalles ; lorsqu'elles furent enlevées, on reconnut un tombeau qui contenait la partie d'un cadavre de femme de la tête aux hanches ; placée à l'extrémité du côté de l'est et près de l'ouverture au sud. Le reste de ce tombeau était rempli d'ossemens. On y trouva quelques têts de poterie grossière et de petits fragmens d'anneau ou de chaînon en cuivre. Le fond de ce caveau était pavé.

Cette découverte justifierait que ces sortes de monumens étaient parfois employés à des sépultures.

On trouve un Dolmen dans la commune de Marchastel, sur le chemin d'Aubrac à Marvejols, montagne de M. Lazard de Beurans. Il est appelé *La polo del Trap.*

Dans l'arrondissement de Mende , j'ai visité les suivans :

Le canton de Mende possède plusieurs Dolmens. Le premier que j'ai visité est dans le territoire de la commune de Balsièges , sur le causse de Bramounas , plateau qui domine ce village , situé sur la rive gauche du Lot. Le quartier où est ce monument en tire son nom , puisqu'il est appelé *lou Geion* (le géant) ; il avoisine à l'est le domaine du Choisal. Tout ce plateau était anciennement une forêt de bois de pin dont la plus grande partie a été défrichée depuis la révolution ; il présente aujourd'hui un bassin étendu et assez ouvert.

Près du Dolmen , et du côté de l'ouest est une muraille qui sépare les terres du causse d'avec celles de Bramounas et sert de limite aux arrondissemens de Mende et de Marvejols.

La table de ce monument est en pierre calcaire et de forme irrégulière ; ayant dans sa longueur moyenne 3 m. 30 c. , et dans sa plus grande largeur

2 m. 80 c. ; son épaisseur d'un côté est de 0,40 c. et de l'autre de 0,37 c. ; ses supports la dépassent d'un mètre 30 c. ; celui du côté du nord est de 3 pierres posées de champ ayant en tout 4 m. 80 c. de longueur et 0,15 c. d'épaisseur ; celui du midi se compose d'une pierre inclinée de 3 m. de longueur, d'une brisée de 0,90 c. et le restant de pierres par assises sur la longueur d'un mètre, en tout 4 m. 90 c. Le monument s'appuie au sol de ce côté. L'ouverture à l'aspect de l'ouest est large d'un mètre 20 c. ; son élévation du côté du nord au-dessus du sol jusqu'à la couverture, qui déborde le support de 0,40 c., est de 0,48 c. Le sol de la grotte ayant été creusé dans toute sa longueur présente dans la partie du nord la plus élevée 0,86 de hauteur, et dans celle opposée 0,55 c.

La commune de la Rouvière, à 11 kilomètres de Mende, offre deux Dolmens :

Le premier est sur le versant où est placé, au nord, le village de la Rouvière ; il est entouré de quelques petits chênes blancs ; la pierre de dessus est brisée en trois morceaux considérables, celle du support du fond, côté du nord, s'est affaissée et est inclinée ; ce Dolmen qui est en pierre calcaire est dans un emplacement qui a un horizon très-étendu.

Le second est à peu de distance et à l'ouest du village de Pelouse, dans un pacage ou suite de pré. Ce Dolmen est en granit, la table a 5 mètres de longueur ; 2 m. et demi de largeur et 1 m. et demi d'épaisseur ; elle est appuyée sur des blocs latéraux, aussi de granit, qui vont en inclinant de l'ouverture à l'aspect du nord de 1 m. 50 c. de hauteur et de

2 m. de largeur, et ne présentent au fond que 20 ou
3o centimètres d'élévation. Quelques blocs placés de
main d'homme dans cette partie ne permettent pas
de regarder cette réunion de plusieurs blocs comme
un accident ; mais bien comme disposés pour un Dolmen. Quoique dans la vallée, il a une vue très-étendue.

On trouve dans le territoire de la commune de
Ste-Hélène, canton du Bleymard, un Dolmen situé
au haut d'un mamelon calcaire, au quartier dit Puech-
ouvert ( *Podium apertum* , montagne découverte ) ,
dominant un petit plateau sur la rive droite du Lot ,
d'où l'on découvre, sur la rive gauche de cette rivière ,
au sud-est , la commune de Ste-Hélène et à l'ouest
le village de Nojaret , commune de Badaroux , canton
de Mende , (lieu de naissance de notre savant compatriote le comte Chaptal , pair de France ).

Ce monument est dans la direction du sud au
nord ; il est adossé du côté de l'ouest contre une
masse de granit à gros grains , posée verticalement
par la nature , et appelée selon la tradition locale
*lou bertël de las fados* ( le fuseau des fées ) (7) ,
du côté de l'est la table est supportée par des blocs
de granit et elle est cotée à droite et à gauche entre
ces appuis naturels par deux pierres. Cette table ,
aussi de granit à gros grains , a , dans sa plus grande
longueur , 3 m. 75 c. , et du côté opposé 2 m. 80 c. ;
elle est large de 3 mètres ; son épaisseur varie ; la
plus forte est d'un mètre 80 c. et la moindre de
0,80 c. Ce Dolmen a cela de différent des autres
précédemment décrits que l'entrée se trouve dans la
partie inclinée et non dans la plus élevée. Cette

______

(7) Le mot *bertël* dans l'idiôme gévaudanois signifie le bout ou
peson du fuseau.

ouverture qui regarde le midi a 2 mètres de largeur
et 1 m. 10 c. de hauteur ; au fond, à l'aspect du
nord l'élévation intérieure est de 1 m. 40 c. ; il est
fermé de ce côté par des blocs de granit, une partie
posés par la nature et l'autre de main d'homme.

La masse appelée *lou bertël de las jados*, qui
sert d'appui du côté de l'ouest visant au Lot, a 9
m. 03 c. d'élévation, à partir du sol qui est en
pente ; et de la face opposée sur laquelle appuie la
table du Dolmen 3 m. 80 c., à partir du sol de
l'ouverture, dont 1 m. 70 c. au-dessus de la table
qu'il dépasse en avant de cette ouverture de 2 m. 05 c.

La position de ce Dolmen est extrêmement pittoresque ; il est entouré d'un bois taillis de chêne
(*quercus sessiliflora* Chêne à fleurs sessiles, Sm.) ; on
voit çà et là des masses de rochers granitiques isolées
et superposées, et il est dominé par le mamelon d'une
montagne calcaire.

Ce monument est non seulement digne de l'attention de l'antiquaire ; mais il offre encore au bota-
niste une moisson assez abondante de lichens qui croissent sur cette même table destinée dans un temps d'ignorance et de superstition à des sacrifices humains. (8)

---

(8) Je dois à mon honorable et savant collègue M. Prost, la
liste suivante des productions qui croissent sur ce Dolmen.

PLANTE PHANÉROGAMME:

*Sedum hirsutum.* L. Sedon hérissé.

MOUSSE.

*Dicranum ovatum.* Hedw. Dicrane ovale.

LICHENS.

*Lecidea sabuletorum.* Ach. Lécidée des sables.
*L. Atro-virens.* Ach. L. verte et noire.
*Gyrophora glabra* Ach. Gyrophore glabre.
*Gyrophora erosa.* Ach. G. rongée.
*G. pustulata,* Ach. G. à pustules.

L'arrondissement de Mende possède encore les Dolmens suivans que je n'ai pas visités :

Dans la commune de Balsièges, un au village de Changefége, plateau élevé. Ce monument est désigné par les habitans sous le nom de *Tioulo de la geionto* (tuile de la géante).

Dans la commune de Puylaurent, un à la champ du Torn, non loin du village de la Bastide, sur la route de Langogne à Villefort.

Les Dolmens qu'on m'a indiqués pour l'arrondissement de Florac, sont au nombre de trois, situés dans le territoire de la commune de Sainte-Euimie, savoir :

---

*Porina pertusa.* Ach. Porine percée.

*Variolaria lactea.* Pers. Variolaire blanc de lait.

*Urceolaria cinerea.* Ach. Urceolaire cendrée.

*Lecanora badia.* Ach. Lecanore baie.

*L. ventosa.* Ach. L. venteuse.

*L. vitellina.* Ach. L. jaune d'œuf.

*L. diffracta.* Ach. L. brisée.

*L. fumosa.* Ach. L. enfumée.

*Parmelia olivacea.* Ach. Parmelie olivâtre.

*P. saxatilis.* Ach. P. des ruchers.

*P. conspersa.* Ach. P. ponctuée.

*Cenomyce pixidatus.* Ach. Cenomicé entonoir-pixide.

*Isidium corallinum.* Ach. Isidium corallin.

*I. Westringii.* Ach. I. de Westring.

*Cornicularia tristis.* Hoffm. Corniculaire triste.

*C. pubescens.* Ach. C. pubescente

M. Jorand, peintre, membre résidant de la société royale des antiquaires de France, a dessiné une vue de ce monument, le 24 octobre 1826, qu'il a fait graver en 1829, et insérer avec une notice dans les mélanges d'archéologie de M. Bottin, page 299. Cet artiste distingué, qui voyageait pour une grande entreprise monumentale et pittoresque, fut accompagné sur les lieux par mon fils aîné, qui lui indiqua beaucoup d'autres Dolmens, qu'il n'eût pas le temps de visiter, et ce ne peut être que par erreur qu'il a dit, dans sa notice, que le département de la Lozère est moins riche que beaucoup d'autres départemens en Dolmens.

Le premier, au village de Champblanc, sur le causse Méjan ;

Le second, au village de la Baume, prolongement du causse de Chanac ;

Et le troisième, qui a été détruit au commencement de ce siècle, pour être employé à la construction d'une maison, était placé au village de la Perigouse.

---

### PIERRES LEVÉES.

Les pierres levées sont brutes, de forme allongée, plantées verticalement dans la terre, tantôt par le bout le plus gros, tantôt par le bout le plus mince. On leur donne également les noms celtiques de *Menhirs* et de *Peulvans*, et ceux de *Pierres frittes*, *Pierres fittes* et *Pierres fiches* (pierres fichées), suivant les localités. Elles sont isolées ou réunies en petit nombre. Plusieurs antiquaires les ont considérées comme des monumens funèbres, à cause des ossemens humains qu'on a trouvés quelquefois enterrés auprès d'elles ; d'autres les regardent comme des espèces d'idoles des Celtes.

Je n'ai pas encore découvert aucun monument de ce genre dans le département ; car il ne faut pas les confondre avec les pierres brutes et allongées, comme celles indiquées ci-dessus, qu'on a placées le long des routes et principalement sur les plateaux de nos montagnes, espèce de Mont-joie servant à guider les voyageurs quand elles sont encombrées de neige.

Mais comme, suivant certains antiquaires, les communes et villages qui ont pour nom *Pierre fritte*, *Pierre fitte* ou *Pierre fiche*, le tirent d'un monument de ce genre, et que la Lozère est du nombre des quatorze départemens où il en existe, suivant M.

Athenas (9)., je crois devoir consigner ici cette opinion, en attendant que je puisse en vérifier l'exactitude pour ce qui concerne la commune de *Pierrefiche*, canton de Châteauneuf, arrondissement de Mende, et le village de *Pierrefiche*, commune de Barjac, arrondissement de Marvejols.

Dans la *France pittoresque*, page 194, on a cité sous le nom de *Peulvan* le monument appelé le *Bertël de las Fados*, on ne sait sur quels renseignemens. La description que j'en ai donnée plus haut, page 147, semble ne laisser aucun doute sur les caractères qui le classent dans le genre des Dolmens. Il est à regretter que l'on ait fourni des matériaux aussi fautifs que ceux que l'auteur a employés pour notre département.

### PIERRES BRANLANTES.

Cette dénomination est assez significative : ce sont d'énormes pierres brutes superposées à d'autres, en équilibre et de forme plus ou moins arrondies, dont la plupart ne touchent que par un point à celle qui leur sert de base, et peuvent être mises en mouvement sans un grand effort.

Le département de la Lozère est peut-être celui qui a le plus de pierres branlantes ou *tremblantes*, comme on les nomme dans le pays ; c'est surtout dans la région granitique que l'on peut observer de semblables phénomènes, qui semblent n'être dus qu'à l'affaissement du terrain et à son érosion.

Le plateau de la Garde, à la limite du département du Cantal, et celui dit du *Palais du Roi*, appendice de

(9) Lycée armoricain. — Année 1827, article sur les *Pierres frites*

la montagne de la Margeride qui s'étend du côté du nord-est dans le département de la Haute-Loire, offrent un grand nombre de ces pierres.

M. Vaysse de Villers, inspecteur des postes et relais, a parlé des premières dans son Itinéraire descriptif (10) et M. Jorand a donné une notice sur deux de celles du Palais du Roi, accompagnée de leur dessin (11). Elles sont peu distantes l'une de l'autre, et se trouvent sur l'ancienne partie de la route 88, entre Mende et Châteauneuf-Randon, au quartier dit *Roche grosse*, nom caractéristique de l'énormité de leur dimension.

Je crois devoir rappeler qu'avant les écrits de ces MM., j'avais signalé dans mon Almanach historique, statistique et économique du département de la Lozère, pour l'an X (1802), parmi les curiosités naturelles, l'existence de ces pierres dans la commune du Fau, arrondissement de Marvejols (12).

Quelle était la destination de ces pierres superposées? Je n'ai reconnu aucune trace de travail d'homme dans toutes celles que j'ai vérifiées. Suivant quelques antiquaires, c'étaient des idoles; suivant d'autres, les druïdes, habiles à exploiter l'ignorance des peuples, les consultaient comme des oracles, à raison du nombre de leurs oscillations, lorsqu'elles avaient été mises en mouvement; quelques uns pensent que ce sont des termes placés sur les limites de diverses confédérations; cette opinion disparaît devant la multiplicité de celles que présente notre département; etc. etc.; mais ce né sont que des conjectures.

---

(10) *Itinéraire descriptif* etc. -- Sud de la France, 2.<sup>e</sup> route de Paris à Beaucaire, par Moulins, Clermont, St Flour, Mende et Nismes, 1826; page 202.

(11) *Mélanges d'archéologie*, par Séb. Bottin, Paris, 1831, page 195.

(12) *Almanach*, etc. page 90.

( 153 )



Dans son cours d'antiquités monumentales, M. de Caumont dit à l'article des roches :

« Il paraît que les rochers dont la cîme proéminente et les formes bizarres étaient propres à exciter l'étonnement ont aussi quelquefois été pour les Gaulois un objet de vénération, et quoique ce soient des monumens de la nature plutôt que des monumens celtiques, je ne dois pas les passer sous silence puisqu'ils ont été appropriés et consacrés au culte druïdique.

« On ne peut faire que des conjectures sur les idées qui se rattachaient à ces idoles gigantesques : peut-être les honoraient-on comme l'emblême de la force et de la durée. . . . (13) »

Le savant antiquaire cite ensuite quelques localités, en signalant les plus remarquables.

Le département de la Lozère, comme tous les pays de montagnes, est extrêmement pourvu de ces sortes de rochers, qui affectent les formes les plus extraordinaires et ont en général des dimensions colossales C'est principalement sur nos montagnes granitiques et au couronnement des causses, plateaux appartenant au terrain secondaire, qu'on en voit le plus grand nombre. Les gorges du Tarn en sont hérissées ; la plupart semblent suspendues et menacer la sûreté des passans, ce qui leur a fait donner le nom de *belles horreurs*, par quelques voyageurs ; tandis que les sites pittoresques de cette vallée ont exercé les crayons de plusieurs artistes distingués, parmi lesquels on pourrait citer MM. Hubert et Maraudon, qui en ont dessiné différentes vues.

_____

(13) Cours d'antiquités monumentales, tome 1.er p. 113.

Non loin de la ville de Mende, il existe une montagne calcaire, appelée *Lou Serre de l'ômë* (la montagne
de l'homme), qui tire son nom d'une masse de rocher
placée sur le bord du versant, qu'on prendrait pour
un homme en vedette, à cause de son éloignement ;
son élévation étant de plus de 3oo mètres au-dessus
du vallon et de 1,126 au-dessus des eaux de la mer.

Dans l'arrondissement de Florac, sur les rives du
Tarn, « près de St-Prejet, on remarque *Le Pas-
du-Souci* où l'aspect de deux montagnes rapprochées à
leur sommet, offre au génie le hardi projet d'un pont
de plus 6oo mètres d'élévation. Là les eaux s'engouffrent
entre deux énormes rochers, appelés l'un *Roco-
Sourdo*, et l'autre *Roco-Agulio*, et repoussées par ces
digues, elles reprennent leur cours avec un mugisse-
ment que les échos font retentir au loin (14). »

Je n'ai cité ces deux derniers articles que comme
objets de curiosité naturelle ; n'ayant pas des preuves pour établir que les unes ou les autres roches de
ce genre aient servi au culte druïdique.

***

## Tumulus.

On donne le nom de *Tumulus* à des monceaux ou
monticules de terre ou de pierres sèches, de formes
et de dimensions différentes, qu'on élevait sur les lieux
où des personnages de distinction avaient été inhumés,
et dans lesquels on a trouvé quelquefois, à côté de
leurs ossemens ou de leurs cendres, des instrumens,
des armes, des bijoux et autres objets.

***

(14) Statistique du département de la Lozère, par M. Jerphanion,
préfet. (An X) p. 10.

M. d'Aubuisson de Voisins, dans son traité de géognosie, tome
I.er, p. 117, cite un fait semblable sur la même rivière, à deux
lieues au-dessus d'Alby, au *Saut du Sabot*.

Quoique mes courses ne m'aient pas procuré la découverte d'aucun monticule de ce genre, cependant comme il en existe dans le département, je ne crois pas devoir passer sous silence deux indications que je tiens de personnes dignes de foi.

1.º Sur la Boulène, route de Grèzes à Châteauneuf, on voit des tas de pierres placés à droite et à gauche de cette route, dont le plus considérable, de forme ronde, est appelé par les habitans du pays *Lou Clapas des pessamën*, que l'on peut traduire par le tas de pierres des soucis, des chagrins, ce qui paraît bien s'appliquer à un lieu de sépulture.

2.º A Marvejols, au quartier dit de la Champ, au-dessus du cimetière de cette ville, en fouillant un terrain recouvert d'un tas de pierres amoncelées, on découvrit un tombeau qui renfermait un squelette humain ayant cinq anneaux ou bracelets en cuivre passés à l'un des bras et six à l'autre. Je dois à l'obligeance de M. l'abbé Pelatan, aumônier des prisons de cette ville, la possession, dans mon cabinet, d'un de ces anneaux. Il est à peu près ovale, ayant 9 centimètres dans son grand diamètre et 7 centimètres 5 millimètres dans le petit. La baguette qui a servi à le former est plate du côté de l'intérieur et a 1 centimètre de largeur; elle est arrondie du côté opposé, et son épaisseur dans la partie la plus bombée est de 3 millimètres. Ce bracelet, dont les deux extrémités paraissent n'avoir pas été soudées, mais seulement rapprochées, est orné de ciselures qui consistent en de simples lignes perpendiculaires grouppées en nombres inégaux de distance en distance et présentant au milieu des quatre faces de l'ovale un nombre inégal de lignes grasses ou plus fortes, séparées des autres à chaque bout par un angle aigu dont les vides

extérieurs sont remplis par de simples lignes trans-
versales ; il est recouvert d'une couche d'oxide vert
ou *patine*, ce qui a contribué à le maintenir dans
un état de parfaite conservation, et semble lui assigner
une origine gallo-romaine.

Une trouvaille du même genre eût lieu, en 1831,
dans le canton de Sévérac (Aveyron), peu éloigné de
Marvejols. Deux squelettes humains l'un d'homme, l'autre de femme, furent découverts sous un tas de pierres
au milieu d'un champ dans sa partie proéminente ;
celui de la femme portait 12 anneaux de cuivre rouge
au tibia de chaque jambe ; ils offrent à peu près les
ornemens et les dimensions de ceux trouvés à Marvejols ;
on remarquera seulement que ces derniers étaient passés
aux bras et que les autres l'étaient aux jambes.

M. Lescure, de Laverne, membre du Conseil général du département de l'Aveyron, qui, dans une
notice sur quelques antiquités du canton de Sévérac,
rend compte de ce fait (15), se demande « à quelle
date, à quel peuple, à quelle circonstance rapporter
les objets dont l'origine nous échappe ? Est-ce un
tombeau gaulois, romain, maure, ou du moyen âge ?
et d'après le témoignage d'un de ses honorables compatriotes » qui a vu dans l'Orient, des ornemens pareils portés par les femmes de certaines conditions,
il croit volontiers ce tombeau maure, ne serait-ce qu'à
raison de la dénomination étymologique du terrain
où il a été trouvé : *Sarrogats*, *champ Sarrasin*.

Tout en consignant cette opinion, qui peut être vraisemblable, j'observerai que la dénomination du terrain
de la trouvaille de Marvejols n'offre pas l'autorité,

---

(15) Mémoires de la Société des Lettres, Sciences et Arts de
l'Aveyron, tome I.er ; 2.e partie, page 49.

souvent incertaine, de l'étymologie pour fixer sur l'époque de cette sépulture ; il paraît d'ailleurs que ces ornemens doivent être considérés comme la marque de quelque distinction et non comme celle d'une flétrissure , ainsi qu'on l'avait supposé lors de la découverte.

***

## Haches.

1.o *Haches en pierre.* Plusieurs antiquaires appellent *haches celtiques* des espèces de coins en pierre qui présentent un tranchant aigu du côté de la partie la plus large, et offrent un retrécissement du côté opposé, se terminant avec ou sans pointe. Placés à plat, ces instrumens sont plus ou moins bombés ; leur longueur varie de 4 à 40 centimètres , ils sont de diverses natures de pierres dures, mais le plus ordinairement en silex.

Je possède 6 de ces instrumens, dans mes collections , le plus grand a 8 centimètres de longueur et 4 c. 5 mil. du côté du tranchant ; le plus petit n'a que 4 c. 2 mil. de longueur et 3 c. 5 mil. au tranchant. Deux de ces haches ont été trouvées dans le territoire de la Canourgue, la plus grande, qui m'a été donnée par M. Rozy, officier de santé, est en jade et a 7 c. de longueur et 4 c. 5 mil. au tranchant ; l'autre est en serpentine, de 4 c. 2 mil. de longueur sur 3 c. 5 mil. au tranchant.

On se demande comment les Gaulois pouvaient se servir de ces instrumens et à quel usage ils les employaient. Suivant M. de Caumont, les opinions des antiquaires sont divergentes ; les uns pensent qu'on fixait l'extrémité pointue dans un maillet, ou bien qu'on les engageait par le milieu au bout d'un bâton fendu, auquel on les attachait solidement au moyen de

ligatures ; (16) d'autres que les haches en pierre se te-
naient dans la main quand on se battait corps à corps ;
les uns estiment que c'étaient des armes offensives, suivant les autres ce seraient des instrumens de sacrifice ;
enfin il en est qui pensent qu'ils pouvaient être employés comme outils à différens usages domestiques.

Ce savant antiquaire, dont nous nous plaisons à citer
l'autorité, dit que l'on découvre fréquemment des
haches en pierre dans les lieux où des peuplades
gauloises paraissent avoir séjourné. Il est à remarquer,
à l'appui de cette opinion, que la localité du département de la Lozère qui renferme le plus de monumens
druïdiques, est celle où l'on a trouvé de ces instrumens.

2.º *Haches en bronze.* On donne également le nom
de haches à des instrumens en bronze, creux in-
térieurement et munis d'un petit anneau sur un des
côtés.

Je dois à l'obligeance de M. Paradan, le père, de
la Canourgue, une de ces haches qui fut trouvée dans
la commune de Banassac, en faisant les fondations
d'un pont sur l'Urugne, en 1819. Elle est creuse in-
térieurement et elle est munie d'un petit anneau sur
un des côtés ; elle a vers la douille ou tête 5 c. 5 mil.,
dans son grand diamètre, et 5 c. dans le petit, et au

---

(16) La Société académique de Mende possède dans son musée
une erminette ou hache recourbée, servant aux habitans de la Nouvelle Hollande, faite d'un morceau de jade et fixée dans une pièce
de bois par une ligature formée de filaments d'Aloès. Cet instrument
donné par M. Prost, provient du voyage de circumnavigation de la
*Coquille*, commandée par le capitaine Duperré. La nature de la
pierre et la manière dont elle est emmanchée sembleraient indiquer
que les Gaulois, qui n'étaient pas plus avancés en civilisation que ne
ne sont les peuplades sauvages, devaient les fabriquer et s'en servir
de même.

tranchant 5 c. 5 mil. ; sa longueur est d'un décim. ; on remarque sur ses facettes latérales la trace de la jonction des pièces du moule dans lequel elle a été coulée, et sur ses deux faces principales près de la douille quelques cannelures peu saillantes, elle est recouverte d'une couche de *patine* ou vernis antique.

Les haches en bronze étaient sans doute employées aux mêmes usages que celles en pierre. Pour les emmancher on devait se servir , suivant les circonstances, d'un morceau de bois droit ou recourbé qu'on introduisait dans la douille et qu'on fixait avec une ligature passée dans le petit anneau.

Je ne dois pas omettre d'ajouter que lorsqu'on découvrit , dans les fondations du pont de l'Urugne, la hache en bronze décrite plus haut, on y trouva également deux médailles, petit bronze, l'une mi-fruste ; au revers : la louve allaitant Remus et Romulus ; l'autre de Tibère : tête laurée de cet empereur, Légende .... DIVI Filius AUGusti CAESAR (Tibère César , fils du divin Auguste). ℞. Autel de Lyon ; exergue ROMæ ET AVGusto. ( A Rome et à Auguste. )

Tibère fut adopté par Auguste l'an de Rome 757 ( 4 de J. C. ) et fut appelé, dès lors, César ; il succéda à Auguste et prit lui-même le surnom d'*Auguste* , l'an 767 (14 de J. C. ).

Ce mélange d'instrumens gaulois et de monnaies romaines n'est pas nouveau ; M. de Caumont l'a constaté ; il prouverait, dit-il, que « le Gaulois devenu romain a pu conserver encore long-temps une partie de ses anciennes coutumes ; » ce qui classerait la hache dont il est ici question, parmi les antiquités gallo-romaines.

Après avoir cité plusieurs monumens du culte des Gaulois pour les pierres, je vais parler de celui qu'ils rendaient à l'eau,

## 1.º FONTAINE DE St.-MARTIN.

A peu de distance de la petite ville de la Canourgue, au quartier dit de Saint-Frézal, nom qui lui vient d'une chapelle dédiée d'abord à Saint-Martin et ensuite à St-Frézal ou Frodoald, ancien évêque du Gévaudan, qui y souffrit le martyre au commencement du 9.e siècle, on voit au fond du vallon, et non loin de cette chapelle, un bassin assez considérable qui reçoit les eaux d'une source qui sort d'une montagne voisine.

En faisant, vers le commencement de ce siècle, des fouilles pour réparer et agrandir ce bassin, qui sert de réservoir pour alimenter un canal de moulin à foulon et pour l'arrosement des prés, on découvrit des cons-tructions en maçonnerie qui paraissaient destinées à des bains. La tradition rapporte que l'on attribuait aux eaux très-vives de cette fontaine une vertu toute particu-lière pour la guérison des maladies cutanées, ce qui attirait beaucoup de monde de toute la contrée. Nous voyons dans l'histoire générale de Languedoc, par don Vaissete, que Saint-Frézal retira par sa prédi-cation une partie de ses diocésains des superstitions payennes dans lesquelles ils étaient plongés, et qu'à la suite de son martyre, il fut fondé un monastère à la Canourgue, sous le nom de Saint-Martin, où l'on transféra ses dépouilles. (17).

Il existe aussi sur divers points de la France des fontaines dites de *St-Martin*, qui, suivant la tradition, étaient consacrées aux mêmes usages superstitieux, du tems des Gaulois. M. Briende en cite plusieurs dans les montagnes du Cantal (18), et M. Lejeune en

---

(17) Hist. gén. de Languedoc, tome I.er, p. 494.

(18) Topographie médicale de la Haute-Auvergne, édition de 1821, p. 4.

indique une à l'extrêmité de la petite paroisse de Saint-Martin du Péant , département d'Eure-et-Loir. (19).

On sait que les Druïdes choisissaient les sources qui étaient dans le voisinage de leurs autels , pour leur attribuer une vertu salutaire , et la fontaine du quartier de Saint-Frézal étant peu distante de plusieurs dolmens , il est vraisemblable qu'ils l'auront employée à leurs pratiques superstitieuses dans un temps où l'ignorance qu'ils se plaisaient à entretenir , favorisait leur crédit et leur autorité , et leur procurait de riches offrandes.

### 2.0 Lac de St-Andéol.

Le lac de St Andéol est le plus considérable des quatre lacs que l'on voit sur la montagne d'Aubrac , à l'extrêmité Ouest du Gévaudan , et aux confins du Rouergue; lequel occupe le cratère d'un volcan éteint.

Ce lac , situé dans le territoire de la commune de Marchastel, attirait encore, quelque temps avant la révolution, les habitans de ce village et ceux de plusieurs communes environnantes du Gévaudan et du Rouergue , qui s'y rendaient à l'époque de la foire de l'Epine , fête patronale de Marchastel (le lundi après le 2.e dimanche de juillet). Ils se trempaient dans le lac ou dans une petite source qui s'y rend, pour la guérison de la teigne, du mal aux yeux, etc. etc. et y jetaient des pièces de monnaie. (20).

---

(19) Mémoires de la Société royale des antiquaires de France , tome I.er , p 21.

(20). Pausanias et Pline nous apprennent que les anciens étaient dans l'usage de jeter différens objets, mais principalement des pièces de monnaie, dans les eaux consacrées aux divinités dont la protection leur avait mérité quelque faveur spéciale, les avait guéris de quelque grande maladie ou sauvés de pressans dangers, (Grivaud de la Vincelle. Recueil de monumens antiques. – Tom. 2, p. 276).

C'est sans doute à l'occasion de cette pratique superstitieuse dont l'origine remontait au paganisme,
que Pelloutier, dans son histoire des Celtes, en parlant
du culte particulier que les Gaulois rendaient au feu
et à l'eau, dit : « Dans le Gévaudan, au rapport de
Grégoire de Tours, une multitude de paysans s'as-
semblaient tous les ans auprès d'un lac que l'on voit
sur une des montagnes du pays ; ils lui offraient une
espèce de libation, jetant dans l'eau, les uns des pièces
de toile ou de drap, les autres des toisons. Le plus grand
nombre y jetait, outre cela, des formes de fromage,
ou de cire, ou des pains tout entiers, et différentes
autres choses, chacun selon ses facultés. Ils y venaient
avec leurs charriots, sur lesquels ils apportaient de la
boisson et des vivres ; et après avoir immolé des animaux, ils faisaient bonne chère pendant trois jours. »

Les savans auteurs de l'Histoire générale de Languedoc, en rendant compte de cette ancienne coutume
conservée en Gévaudan, sur une montagne appelée
*Helanus*, (21) voisine d'un étang, rapportent l'époque
de son abolition au 6.e siècle, sous l'épiscopat de
Saint-Evanthius ou de Parthène. L'un de ces prélats,
touché de l'aveuglement du peuple rude et grossier

---

(21) Grég. Tur. l. 4. c 40. et de glor. conf. c. 2.

Les auteurs de l'Histoire universelle , qui, d'après *Grégoire de
Tours*, citent cette coutume superstitieuse, placent au pied d'une
montagne du Gévaudan un grand lac consacré à la Lune, sous le
nom d'*Helanus*, qui signifie *splendeur*, (tom. XXX. page 410) Je ne
mets aucun doute que le lac auquel se rapporte l'article de St Grégoire
de Tours est celui de St-Andéol ; il y a donc erreur dans ce passage,
en l'indiquant au pied d'une montagne, puisque ce lac se trouve sur
un plateau assez élevé.

C'est un nouveau fait à ajouter à l'inexactitude de la description
des lieux qu'on n'a pas vus ; j'aurai occasion , dans la suite de ce
mémoire, d'en relever beaucoup d'autres de ce genre.

qui se livrait à ce culte superstitieux, voulant l'en
détourner par quelque chose de sensible, fit construire
sur les bords de l'étang, sous l'invocation de Saint-
Hilaire, évêque de Poitiers, une église, où il engagea
d'offrir au vrai Dieu tous les ans ce que l'on desti-
nait en sacrifice à l'étang; ce qu'il obtint. D'après
les mêmes auteurs, le mont *Helanus* ne doit pas être
éloigné de la paroisse de St-Hilaire, située près de la
montagne de la Lozère, une des plus hautes des
Cévennes (22).

Grégoire de Tours en parlant du mont *Helanus*
n'indique pas son emplacement; les auteurs de l'histoire de Languedoc ont cru que ce mont était non
loin de la Lozère, parce qu'il y avait tout près une
paroisse de Saint-Hilaire; mais cette opinion est ha-
zardée et le mont dont il s'agit ne devait pas être
dans cette partie du Gévaudan : il y a bien deux
paroisses dédiées à Saint-Hilaire dans les Cévennes :
celles de Saint-Hilaire-de-Lavit et de Saint-Hilaire-de-
la Parade; mais elles sont l'une et l'autre fort éloignées
de la montagne de la Lozère; d'ailleurs la tradition
n'a pas conservé le souvenir de la pratique d'un reste
de paganisme de cette nature dans cette contrée, tandis que, comme je l'ai déjà observé pour le lac de
Saint-Andéol, elle durait encore peu de temos avant
la révolution. Je pense donc que c'est de ce dernier
lac dont a voulu parler Grégoire de Tours, et j'ajouterai qu'il existe encore des vestiges d'une ancienne
chapelle qui avait été construite à peu de distance
de ce lac, sur le territoire de cette commune; chapelle sans doute qui est celle dont il est fait mention
dans ce récit, et que Saint-Evanthius ou Parthène

---

(22), Hist. Générale de Languedoc, tom. 1.er page 281.

firent édifier en honneur de Saint-Hilaire, pour ramener les peuples de la contrée au culte du vrai Dieu.

J'ai visité cette chapelle, en 1820, elle est à 1/4 d'heure de chemin Nord-Ouest du lac. Les restes des ruines de ses fondemens ont 24 pas de long sur 7 à 8 de large ; j'y trouvai une pierre de granit creusée au milieu, qu'on dit avoir été un bénitier, et au-dessous de cette enceinte, il existe un champ qui avait servi de cimetière.

On me rapporta qu'en dernier temps, avant de se rendre au lac, on s'arrêtait à cette chapelle pour prier Dieu de préserver la contrée des orages fréquens qu'on attribue à ce lac, parce que la grèle et les pluies extraordinaires qui causent le plus de ravages au pays viennent de l'Ouest, position topographique de l'Aubrac, relativement aux autres points de notre territoire.

DES MONUMENS QUI SE RATTACHENT AU CULTE D'HERCULE, DANS LE GÉVAUDAN, PENDANT LA PÉRIODE GAULOISE.

Suivant plusieurs auteurs, le polythéisme fut long-temps ignoré des Gaulois, leurs Druïdes n'admettant qu'un être éternel, créateur et conservateur des Mondes, qu'ils adoraient sous le nom d'*Esus*, être invisible et pur esprit qu'ils ne croyaient pas pouvoir représenter sous aucune forme, et auquel ils n'adressaient leurs prières que sous l'immense dôme du ciel, sur des lieux élevés et à côté de forêts, ainsi que nous l'avons déjà observé en parlant de leurs autels ou dolmens (23).

Mais lorsque les Phocéens eurent établi une colonie à Marseille, ils se répandirent dans les Gaules et ap-

(23). César ne partage pas cette opinion, puisqu'il cite six divinités principales adorées dans les Gaules ; mais on sait qu'avant sa conquête, les Gaulois avaient adopté celles des peuples avec lesquels ils avaient été en communication et principalement des Grecs.

portèrent, avec les arts et les sciences de la Grèce, leur culte mythologique.

L'Hercule Thébain connu sous le nom de *Teutatès* devint bientôt l'Hercule gaulois sous celui d'*Ogmion* ; on lui éleva un temple chez nos voisins les *Helvii*, au lieu de Désagne, d'après les ordres du proconsul Q. Fabius Maximus, pour éterniser sa victoire sur Bituit, chef des Auvergnats, l'an de Rome 633 , et pour témoigner sa reconnaissance à cette divinité qui avait abandonné sa nation en faveur des romains. (24).

Hercule était regardé depuis long-temps comme le Dieu de la Gaule, auquel le vainqueur s'empressa de rendre hommage, quoiqu'il n'eut pas encore de temple à Rome. On en avait fait le Dieu de la force et du courage et l'on sait combien les Gaulois admiraient ces deux vertus, aussi les Druïdes, leurs ministres, tolérèrent l'introduction de son culte ; je pourrais citer des monumens qui, sur plusieurs points de la France, prouvent que dans cette partie de la Gaule il était très-répandu ; mais je n'ai à m'occuper que d'une petite localité, le pays des *Gabali*, et voici ce que mes recherches m'ont procuré à cet égard.

1.º Pierre Monumentale du Monastier.

La commune du Monastier (*Monasterium*), sur la route de Marvejols à la Canourgue, possède une pierre monumentale qui a servi pendant long-temps de piédestal à une croix. A l'époque de la révolution on enleva le monument du christianisme de dessus sa base, et elle resta isolée dans un coin de la place de ce petit bourg. Ce monument, dont le dessin a été joint à la

___

(24). Dissertation sur l'Hercule Gaulois, par un citoyen de l'Ardèche ( Boissy-d'Anglas). — An X, p. 6.

notice manuscrite déjà citée, est décrit dans ce mémoire, ainsi qu'il suit :

« En allant de Montjézieu à Marvejols, on rencontre, en traversant le village du Monastier, une pierre représentée dans la figure ( ) ; elle est au milieu de la place du village, et sert de piédestal à une croix. On peut croire qu'elle a appartenu à quelque château des environs. La nature de la pierre est calcaire ; la sculpture en est grossièrement faite. Un chasseur qui tient un cerf par les cornes ; des oiseaux qu'on peut supposer être des faucons, sont les attributs de la chassse. Mais que sont devenus, dans ce pays, les cerfs et les faucons ? leur espèce n'existe plus, au moins celle des cerfs. Qui a pu détruire ces animaux, que la nature du pays rendait presque inattaquables, et qui pouvaient se nourrir avec les jeunes branches des arbres, à défaut de l'herbe que les neiges font disparaître souvent pendant six mois ? On peut à chaque pas se faire beaucoup de questions auxquelles il n'est pas plus facile de répondre. »

Je le répète, si l'auteur de la notice ne s'en fut pas rapporté, pour la plupart des objets qu'il cite dans son mémoire, à des indications fausses, et qu'il eût seulement jeté un coup d'œil sur cette pierre, il n'eût pas trouvé tant de difficultés à résondre des questions que les plus simples notions de mythologie peuvent applanir ; mais on lui demandait un travail ; on lui offrit des notes, et ses erreurs ne sont pas son ouvrage.

J'ai vu ce monument en 1821, il avait dû être mutilé primitivement, quand on en fit un piédestal pour une croix ; on dut enlever la partie supérieure sur laquelle étaient sculptés le cou et la tête du personnage, dont on voit les bras et le reste du corps ;

et dans le bas il dut l'être également , puisqu'il y manque une partie du corps et les jambes de l'animal qui
y est représenté. On lui donna une forme cou que,
pour l'approprier à sa nouvelle destination, et dans
cet état il avait un mètre d'élévation , il était
sculpté sur deux faces, à l'une se trouve le reste de
ce personnage, couvert d'une peau, tenant dans la main
droite, non un cornet comme le représente le dessin ,
apparemment pour en faire un chasseur, mais une massue, et de la main gauche les cornes d'une biche dont il
existe la tête, le cou et une partie du corps.

Sur l'autre face étaient sculptées, plusieurs oies et non
des faucons; il y en avait cinq entières sur ce fragment.

En calculant ce qui manque pour compléter le dessin
avec ce qui reste, cette pierre devait avoir 2 mètres
au moins de hauteur sur un mètre de largeur.

Mais cette première mutilation a été suivie d'une
plus considérable. En employant cette pierre pour servir
de support à la cuvette ou bassin qui reçoit les eaux
de la fontaine qui est sur la place du village, on a
coupé la partie où étaient sculptées les oies, et on n'a
conservé que l'autre face, à peu près telle qu'elle était
lorsqu'elle servait de piédestal de croix.

C'est dans cet état que j'ai trouvé ce monument ;
on me fit voir quelques fragmens qui représentaient
encore des oies entières.

Maintenant, par ce que je viens de dire, il n'est
pas difficile d'expliquer à quelle divinité payenne était
consacré ce monument. Qui ne voit ici Hercule, armé
de la massue, couvert de la peau du lion de la forêt
de Némée, domptant la biche du mont-Ménale, aux
cornes d'or et aux pieds d'airain ?

On sait qu'il était invoqué par les voyageurs; parce
qu'il avait parcouru l'univers pour le purger de tous

les brigands, et qu'à cause de cela on lui dressait des autels sur les grands chemins et qu'on y faisait des sacrifices.

Les oies, symbole de la vigilance, dont les cris perçans et aigus donnent l'alarme et avertissent de l'approche furtive des voleurs, semblent indiquer les motifs de l'érection de ce monument, dans une contrée alors extrêmement boisée, sur un lieu de passage qui devait être infesté de malfaiteurs. Il est à présumer qu'il devait être placé dans un temple du genre du *Sacellum*, où les sacrifices avaient lieu.

Quant au style grossier de la sculpture de cette pierre, il m'a paru tel qu'il devait être par tout dans l'enfance de l'art ; ce qui m'a amené à penser qu'on doit l'attribuer à l'époque où les Gaulois ayant des relations commerciales avec les Phocéens de la colonie de Marseille en adoptèrent les Dieux et le culte, et commencèrent à élever des autels et d'autres monumens sacrés (25).

### 2.° Pierre monumentale de Mende.

La même incorrection de dessin se fait remarquer sur une pierre monumentale que la Société académique de Mende, possède dans son musée.

Cette pierre est calcaire, elle a un mètre de hauteur, et environ 3 décimètres de largeur sur chacun de ses quatre côtés, dont trois sont un peu arrondis.

On a sculpté sur la face la plus plane un personnage dont la tête colossale a au-dessus du front un triple bandeau avec un double nœud au milieu. La partie inférieure du front et les yeux sont très-apparents ;

---

(25). Un momument à peu près semblable a été trouvé à Tailly, près de Beaune, département de la Côte-d'Or. Voir la notice de M. le docteur Morelot, dans les mém. de la Soc. R. des antiq. de France, tom. 7. p. 355.

le nez et le reste de la tête sont couverts par une espèce de vêtement ou de peau, ce qui l'a fait considérer par quelques antiquaires comme un Hercule Gaulois.

Cette opinion peut avoir quelque vraisemblance, et je me contente seulement de la mentionner.

Cette pierre avait été bâtie dans la construction des remparts de la ville de Mende, tout près de la porte dite d'Angiran, vers le milieu du 12.e siècle, sous l'épiscopat d'Aldebert du Tournel, de 1151 à 1187, et elle fut découverte parmi les décombres de cette porte qui s'écroula en partie le 18 février 1805, et qu'on démolit immédiatement.

### 3.º Statuette d'Hercule.

A peu de distance de la ville de Mende, au-dessus du Pont-Rout, rive droite du Lot, sur la route de cette ville à Marvejols, au quartier dit de la *Malaoutiero*, ( la Maladrerie ), parce que l'on y avait formé un hospice pour les lépreux au retour des Croisés, en faisant quelques défoncemens dans un champ, on trouva, en 1825, une statuette en bronze d'un décimètre de hauteur, que M. Bonassies, expert géomètre du cadastre, propriétaire du terrain, me donna pour joindre à ma collection.

Cette statuette, dont la partie de la jambe droite, au-dessous du mollet, manque, a des attributs qui, quelques informes qu'ils soient, ne laissent aucun doute que c'est une massue qu'elle porte dans la main droite et la peau du lion sur le poignet gauche, ce qui indique assez que c'est un Hercule qu'on a voulu représenter.

Ici même incorrection de dessin que dans le monument du Monastier ; ce qui me fait présumer aussi

que sa confection est d'une date antérieure à l'inva-
sion du pays par les Romains, dont le style était plus
pur ; d'où je conclus que le culte d'Hercule était assez
répandu dans le Gévaudan, du temps des Gaulois.

Je pourrais encore appuyer mon opinion de quelques considérations historiques. Au rapport de César
les *Gabali* étaient sous la dépendance des *Arverni*, lesquels, suivant Lucain, avaient reçu des colonies
troyennes. Le local où la statuette a été trouvée n'est
séparé du mont *Mimas* que par la rivière du Lot et
la partie de ses bords qui forment un vallon très-re-
tréci. Le nom de *Mimas* très-commun en Orient était
donné à des montagnes célèbres ; la ville de Phocée
d'où vinrent les grecs qui fondèrent Marseille, était
peu éloignée de l'une de ces montagnes (26) ; ils com-
muniquèrent avec ce pays avant les Romains et en
initièrent les peuples au culte de leurs divinités.

### Des lieux d'habitation des Gaulois.

En cessant d'être peuples nomades, les Celtes ou les
Gaulois eurent des habitations fixes, désignées par
César sous les noms de *Vicus*, *Oppidum*, *Civitas* (27).

Le département de la Lozère nous offre peu de traces
de ces antiques établissemens.

Les *Vici* étaient des maisons isolées, répandues ça
et là. Vielvic, *Vetus Vicus*, est le seul lieu du département dont l'étymologie rappelle un établissement
de ce genre.

Plusieurs titres désignent Mende sous le nom de

---

(26) Mémoire sur l'étendue des limites du territoire des *Gabali*,
par C. A. Walckaaer, de l'institut royal de France.

(27) César, de Bello Gall. lib. VII.

*Vicus*, avant que le siége épiscopal y fut transféré. Je m'occuperai de cette capitale du Gévaudan dans le cours de ce mémoire.

Les *Oppida* étaient des espèces de camps fortifiés par l'art et par la nature : on pourrait peut-être citer, dans ce genre d'établissement *Gredona* ou *Castrum gredonense*, et le camp du mont-Milan près Langogne; mais ce dernier paraît plus particulièrement appartenir à la période romaine, dans laquelle je classerai sa description, et je parlerai aussi des lieux de *Condate*, *Anderitum* et *Ad Silanum*, cités dans la carte de Peutinger.

Le nom de *Civitas* ne se trouve mentionné pour notre pays, qu'à l'occasion de *Gabalum*, Javols. Quelques antiquaires ont pensé que cette dénomination signifiait une ville capitale, d'autres une nation entière, l'ensemble d'une population portant le même nom, soumise à un même gouvernement (28). La colonne miliaire élevée à Postume, dont j'ai rapporté l'inscription dans les Mémoires de la Société, tome de 1830, page 29, semble justifier cette dernière opinion.

Avant de terminer ce qui regarde les habitations, les constructions gauloises, je citerai un fait qui me paraît bien hazardé, consigné dans les mémoires historiques sur le Gévaudan.

Le Père L'Ouvreleul dit que « suivant une tradition ancienne, il y avait autrefois à Ispagnac un temple des druïdes, au même lieu où est bâtie l'église monacale, dans lequel ils sacrifiaient des enfans, qu'ils brûlaient après les avoir égorgés. » (29).

Je ne m'occuperai pas de l'immolation de victimes

---

(28) Dulaure Mém. de la Soc. royale des antiquaires de France, tom II, p. 84.

(29) Mémoires hist. sur le Gévaudan, nouv. édit., p. 67.

humaines ; on sait que les Gaulois, comme beaucoup
d'autres peuples, étaient plongés dans cette affreuse
superstition.

Quant au temple, j'observerai que c'est sans doute
de quelque dolmen, dont il est question dans ce passage ; les druïdes n'eurent pour monumens religieux
que de simple pierres brutes, jusqu'après la conquête
des Gaules par les Romains qui en édifiant eux-
mêmes des temples, comme on l'a dit plus haut pour
celui de Désague, en Vivarais, accoutumèrent les peuples vaincus à la construction d'édifices plus importans,

J'ajouterai qu'aucun vestige n'a été découvert à
Ispagnac, pour justifier l'existence d'un temple de
ce genre,

### MÉDAILLES GAULOISES.

Les Celtes ou Gaulois de nos contrées méridionales
durent, comme on l'a déjà observé, le commencement de leur civilisation à l'influence de la colonie
hellénique de Marseille et à celle des colonies des
Carthaginois de la péninsule hispanique.

A l'imitation de ces peuples, ils eurent des monnaies dont les types grossiers indiquent l'enfance de
l'art ; elles sont imparfaitement arrondies et la plupart inanimées, c'est-à-dire sans légende ni inscription.

M. Du Mège, dans la nouvelle édition de l'Histoire
générale de Languedoc, augmentée d'un grand nombre de chartes et de documens inédits, a donné une
notice et l'empreinte de vingt médailles ou monnaies
des Volkes tectosages et arécomiques, en Gaule (30).

Deux médailles ou monnaies, trouvées dans le département de la Lozère, ancien Gévaudan, limité au

_____

(30) Hist. gén. de Languedoc. nouv. éd. - Preuves, tom. 1.er p. 624.

Sud par les Volkes ou Volces arécomiques, quoiqu'elles diffèrent en partie de celles décrites par ce savant archéologue, paraissent appartenir à la même époque et devoir être ajoutées à nos monumens celtiques. Elles sont en argent, et l'une et l'autre du poids de 68 grains; en voici les types :

1.º Tête nue, cheveux bouclés, grenetis ou rang de perles au-dessous du cou, une branche en deux partie devant la tête. ℞ Une croix ou roue à quatre rayons; les vides ou segmens sont occupés par une hache, trois points ou globes, dont l'un à queue comme celle d'un fruit.

2.º Tête nue, cheveux bouclés imitant un casque, même grenetis au tour ou au-dessous du cou, rien devant la tête. ℞ Même croix ou roue, et dans les vides une hache, trois croissans ayant au-dessous, l'un quatre petis points, le second une figure ovoïde espèce de fleur avec un point au milieu et le troisième un lozange avec un point au milieu, comme un œil.

J'aurais désiré pouvoir désigner ici le lieu du département où ces médailles ont été trouvées; mais l'orfèvre qui les avait acquises de la personne qui les avait découvertes, et qui me les vendit pour mon médaillier, ne s'en était pas informé.

Enfin pour compléter l'indication des traces que nous ont laissées les Gaulois de leur existence dans cette contrée, je pourrais citer quelques mots celtiques qui ont été conservés dans l'idiome gévaudanois; mais ils sont en petit nombre, et je me contenterai de dire seulement que dans la partie limitrophe de l'Auvergne, du côté du Malzieu, de Saint-Chély, on se sert du mot *Aneyt* (cette nuit) pour indiquer le jour où l'on est (aujourd'hui), ce qui paraît venir de l'usage où étaient

les Gaulois de compter par nuits et non par jours, parce
qu'ils règlaient le temps par le cours de la lune et
que c'était dans l'obscurité qu'ils célébraient leurs cérémonies religieuses en honneur de *Dis* ou *Dit* qui,
selon César, était le dieu de la terre, de la nuit ou
des enfers, dont les Gaulois se croyaient descendus (31).

(31). Grivaud de la Vincelle. — Recueil de monumens antiques, —
tom. 1.er, p. 152.

## Nota.

Les limites des publications annuelles de la Société
obligent à renvoyer à un prochain volume les deux
autres parties de ce mémoire.

# NOTICE
## DES OBJETS

*Donnés ou acquis pour les Collections du Musée de la Société.* (*)

### Tableaux, Gravures et Lithographies.

#### Tableaux peints a l'huile.

La Sainte-Vierge, sur bois.

Don de M. Magne, conducteur des ponts et chaussées.

Saint-Jacques-le-Majeur, apôtre.

Don de M. Auguste Bonnefoy.

Louis XIV, Roi de France.

Don du tribunal civil de Mende.

S. Em. le Cardinal de Choiseul, Archevêque de Besançon ;

Mgr. de Choiseul, Evêque comte et pair de Châlons.

Don de M. Valantin, D. M. à Mende. — Ces deux prélats étaient les neveux de Mgr. de Choiseul, Evêque de Mende.

#### Portraits lithographiés.

Mgr. De Mons, Archevêque d'Avignon ; ancien Evêque de Mende.

Don de M. Ignon, père.

---

(*) La Société a arrêté de mentionner dans ses annales les dons qui seraient faits pour son musée, ainsi que les noms des donateurs. Elle accueillera avec une vive reconnaissance tout ce qui pourra enrichir ses collections, dont le but d'utilité départementale doit exciter la sympathie de toutes les personnes qui s'intéressent à l'illustration du pays.

On'a indiqué, par un astérisque, tous les objets qui ont été acquis sur les fonds des allocations que le Conseil général, d'après les propositions de M. le Préfet, accorde annuellement à la Société pour la seconder dans le noble but de son institution.

M. le Vicomte Borrelli, Lieutenant général, Pair de France.

Don de M. le général Borrelli.

M. Horliac, premier vicaire de Mende, avec le dessin de son tombeau, par M. H. Reybaud.

Don de l'auteur.

Carte de l'Empire français.

Don de M. Bouyon.

# Objets d'Antiquité et de Curiosité.

Quatre chapiteaux corinthiens en pierre calcaire blanche et une colonne en pierre calcaire bleue, trouvés dans des fouilles à Sirvens près Mende.

Don de M. Rous.

Têts de poterie romaine avec différens ornemens en relief, trouvés à Banassac.

Don de M. Laurent, agent-voyer en chef.

* Clé de voûte, moyen âge, en pierre calcaire, représentant Bacchus, tordant un cep de vigne.

Casque en fer, moyen âge.

Statuette de la Vierge, en bronze, *idem*.

Ces deux derniers objets donnés par M. Paparel, fils.

Une paire de mouchettes et leur plateau, en cuivre doré avec ornemens en relief, du commencement du 18.e siècle.

Don de M. Volantin, D M.

Chapelet musulman, pour les pèlerins de la Mèque.

Don de M. l'abbé Chapelle, chanoine.

# Agriculture. — Instrumens.

* *Charrue* de Roville, pour une paire de bœufs, avec soc, versoir et coutre en fer acier, par M. Lacaze, de Nismes, appropriée à nos localités.

* *Herse* perfectionnée, à dents de fer avec sa chaîne d'attelage.

* *Houe* pour un seul cheval.

## BIBLIOTHÈQUE DE LA SOCIÉTÉ. (1)

# 1.º *Partie historique départementale.*

ADMINISTRATION -- Recueil des actes de la préfecture du département de la Lozère, 1839-1840. - 2 vol. in-8.o - Mende.

Don de M. Ignon.

*Idem.* Réglement des écoles primaires de l'arrondissement de Mende. -- *Idem* de l'arrondissement de Florac. -- Mende 1835 et 1840.

BALDIT. -- Speculum sacro-medicum octogonum ; 1 vol. in-12, Lugduni 1666.

Don de M. Valantin D. M.

*Idem.* -- Remède sacré chymique , singulier et spécifique pour la santé tant de l'âme que du corps , dédié à M. de Nairn , prévôt de la cathédrale de Mende. Placard d'une feuille , imprimé à Lyon 1675. Un exemplaire en latin et un exemplaire traduit en français, ayant en tête l'empreinte d'une gravure sur bois représentant Saint-Privat.

Don de M. Pecoul.

BARROT (Odilon). (Voyez MÉLANGES).

BESSIÈRE. -- Notice sur l'établissement de Saint-Alban. - Hospice général et départemental des femmes aliénées, par le docteur G. L. Bessières , directeur et médecin de l'établissement. -- Mende, 1840.

---

(1) Elle est divisée en deux parties : la première comprend les ouvrages , manuscrits ou imprimés, d'auteurs nés dans le département ou qui l'ont habité; ainsi que ceux qui ont un rapport quelconque avec l'histoire du pays ; la seconde partie se compose des ouvrages adressés à la Société. Ceux qu'elle a acquis, à ses frais, sont marqués par un astérisque.

23

Boulet. -- (Voyez Melanges).

* Chaptal. -- L'art de faire le vin ; par le comte Chaptal , 3.e édition augmentée de la description d'appareils de vinification par M. L. de Valcourt. -- 1 vol. in-8.o , Paris , 1839.

* *Idem*. -- Mémoire sur le sucre de betterave , par M. le comte Chaptal, lu à l'académie royale des sciences de l'institut, le 23 octobre 1815. -- 3.e édition, in-8.o , Paris , 1821.

* *Idem*. -- L'art de faire le beurre et les meilleurs fromages, d'après MM. .... Chaptal .... 2.e édition, 1 vol. in-8.° , Paris , 1833.

* Comte. -- Critique du livre intitulé : Bases fondamentales de l'économie politique , d'après la nature des choses , faite dans la revue encyclopédique, par M. Charles Comte, réimprimée avec des notes, par L. F. G. de Cazaux. -- Br. in-8.o , Valence , 1827.

* Crespon. -- Ornithologie du Gard et des pays circonvoisins. 1 vol. in-8.o , Nismes.

Duponchel. -- Catalogue des Lépidoptères trouvés dans le département de la Lozère , précédé d'un aperçu sur la nature du sol, et de la végétation de ce département , par M. Duponchel, vice-président de la société entomologique de France. -- Extrait des annales de cette société. -- Séance du 6 novembre 1833. -- Cahier in-8.o , Paris.

Don de l'auteur.

* Hugo (A). -- La France pittoresque. -- Département de la Lozère (ancien Gévaudan). -- Cahier in-8.o , Paris.

Ignon (J. J. M.). -- Relation du voyage de S. A. R. le duc d'Orléans dans le département de la Lozère. -- Br. in-8.o , Mende , 1832.

Don de l'auteur.

( 179 )

Jacob. -- (Voyez Mélanges).

* Mallay. -- Essai sur les églises romano ou romano-byzantines du département du Puy-de-Dôme, par M. Mallay, architecte, correspondant de la Société. -- Dernières livraisons, in-folio. -- Moulins, 1838-1841.

Mélanges. -- Annales de la Société d'agriculture, sciences, arts et commerce du Puy. -- 1837-1838. -- 1 vol. in-8.o, le Puy ; contenant un mémoire sur les eaux thermales de Bagnols ( Lozère ) ; par M. Jacob, docteur médecin, de Langeac.

——————— Discussion complète de l'adresse, dans les deux chambres, session de 1841, extraite des annales du parlement français, in 4.o contenant les discours de M. le baron Pelet de la Lozère, Pair de France et de M. Odilon Barrot, membre de la chambre des Députés.

——————— Disquisitiones circà indolem et genium febris, etc. par M. Boulet (Etienne) de la Canourgue. -- Cette pièce se trouve à la fin d'un vol. in-8.o de Mélanges. -- Montpellier, 1786.

Don de M. Valantin, D. M.

——————— Guide pittoresque du voyageur en France. -- Département de la Lozère, avec plusieurs gravures d'après les dessins de M.me la B.ne P.... in-8.o, Paris, Firmin Didot, frères, 1834.

Pelet de la Lozère (baron). -- Voir Mélanges.

P. (M.me la B.ne P.) -- Voir Mélanges.

* Pompigny. -- La Bête du Gévaudan, mélodrame en trois actes en prose, et à grand spectacle, par M. Pompigny, musique de MM. Quaisain et D***, ballet de M. Millot, représentée pour la première fois, à Paris, sur le théâtre de l'Ambigu-comique, le 25 juillet 1809.

* Salaville (J. B.) -- L'Homme et la Société ou nouvelle théorie de la nature humaine, et de l'état social, 1 vol. in-8.o -- Paris, an VII.

* *Idem.* -- De la peine de mort et du système pénal dans ses rapports avec la morale et la politique. -- Br. in-8.o -- Paris, 1826.

Sauvage. -- Petit manuel des poids et mesures, etc. par M. A. Sauvage, vérificateur des poids et mesures de l'arrondissement de Mende. -- Br. in-8.o, 1840.
Don de l'auteur.

## 2.º *Ouvrages adressés à la Société.*

*Annales* agricoles, littéraires et industrielles de l'Ariège. (1840).

*Annales* agricoles du département de l'Aisne, publiées par la Société des sciences, arts, belles-lettres et agriculture de St-Quentin. (12.e liv. 1839).

* *Annales* de l'agriculture française. (1835 à 1839). 10 vol. in-8.o.

*Annales* des sciences physiques et naturelles d'agriculture et d'industrie, publiées par la Société d'agriculture etc. de Lyon (1840).

*Annales* de la Société d'agriculture, sciences, arts et commerce du Puy. (1837-1838).

*Annales* de la Société d'émulation du département des Vosges. (1840).

*Annales* de la Société royale d'Horticulture de Paris. (1840).

*Annales* de la Société royale académique de Nantes et du département de la Loire-Infér. (1839 et 1840).

*Annales* de la Société séricicole, fondée en 1837, pour l'amélioration et la propagation de l'industrie de la soie en France. (1839).

*Assemblée* générale annuelle de la Société de la morale chrétienne. (1840).

*Avis* du jury du département de la Charente- Inf. sur la charrue de M. Audré-Jean, et note sur son essai dans le domaine royal de Neuilly, en présence du Roi.

*Avis* aux personnes qui s'intéressent au progrès des sciences. -- Cours de zoologie à l'université de Paris, (1839-1840).

*Bulletin* des séances de la Société royale et centrale d'agriculture et compte rendu mensuel. (1840).

*Bulletin* de la Société royale d'agriculture et de commerce de Caen. (1840).

*Bulletin* de la Société royale d'agriculture, sciences et arts du Mans. (1839, 1840).

*Bulletin* de la Société agricole et industrielle du département du Lot. (1840).

*Bulletin* de la Société libre d'agriculture du Gard. (1840).

*Bulletin* de la Société d'agriculture de l'arrondissement de Grenoble. (1840)

*Bulletin* de la Société d'agriculture du département de l'Hérault (1840).

*Bulletin* de la Société industrielle d'Angers et du département de Maine-et-Loire. (1840).

*Bulletin* de la Société industrielle de l'arrondissement de St-Etienne. (1840).

*Bulletin* de la Société de statistique, des arts utiles et des sciences naturelles du département de la Drôme.

*Bulletin* des travaux de la Société départementale d'agriculture de la Drôme. (1840).

*Bulletin* des travaux de la Société départementale d'agriculture de la Haute-Marne (n.os 1 et 2 = 1840).

*Catalogue* des espèces et variétés d'ananas, cultivés à l'établissement de M. Gontier, à Paris. (1839).

*Catalogue* général de la librairie de Bouchard-Huzard (agriculture, économie rurale, bois et forêts, etc.) 1840.

*Collection* de machines, d'instrumens, ustensiles, constructions, appareils, etc. employés dans l'économie rurale, domestique et industrielle, d'après les dessins faits dans diverses parties de l'Europe, par le comte de Lasteyrie. 2 vol. in-4.0, Paris, 1820 et 1821.

Don de M. le Préfet.

*Collection* des ouvrages d'agriculture, publiés par M. de Mauny de Mornay :

1.° Livre du cultivateur, guide complet de la culture des champs. 1 vol. in-18

2.° Livre de l'économie et de l'administration rurale, guide complet du fermier et de la ménagère ; 1 vol. in-18,

3.° Livre du vigneron et du fabricant de cidre, de poiré, de cormé et autres vins de fruits ; 1 vol. in-18.

4.° Livre de l'éleveur et du propriétaire d'animaux domestiques 1 vol. in-18

5.° Livre du forestier, guide complet de la culture et de l'exploitation des bois, et de la fabrication des charbons et des résines 1 vol in-18.

6.° Livre du jardinier, guide complet de la culture des jardins fruitiers, potagers et d'agrément ; 2 vol in-18, Paris, 1837 et 1838.

Don de M. le Ministre de l'agriculture.

*Commission* des monumens historiques du département de la Gironde (1.re publication).

*Concours* ouverts pour les années 1841 et 1842, par la Société royale et centrale d'agriculture, sciences et arts du département du Nord, séant à Douai.

*Conseils* adressés aux ouvriers parisiens, par le B.on Charles Dupin, membre de l'Institut, pair de France. (1840).

*Conservation* économique des grains par le grenier mobile de M. Vallery. (1840).

*Cultivateur* (le) , Journal des progrès agricoles , et Bulletin du Cercle agricole de Paris. (1840).

*Culture* dans le canton de Danville (Eure) avant et après l'introduction des luzernes. -- Faire valoir d'une réserve dans ce canton. (Novembre 1840).

* *Culture* du colza et de ses avantages (de la) par M. Hotton. -- Paris , 1832.

* *Dictionnaire* portatif de la fable , nouv. éditions par A. L. Millin. -- Paris, an IX (1801) 2 vol in-12.

*Ecole* auxiliaire et progressive de médecine, dirigée par M. Sanson , Alphonse, agrégé de la faculté de médecine de Paris.

*Ephémérides* de la Société d'agriculture du département de l'Indre. (1840).

* *Essai* sur la culture du chanvre dans les départemens de l'ouest de la France, par M. Chasle de la Touche. -- Paris 1826.

*Exposé* du système d'opérations et analyse raisonnée des statuts de la compagnie générale de boisement , à Paris , 1840,

*Extrait* du catalogue des dahlias , précédé d'une courte instruction , sur leur culture et leur conservation , par Adrien Seneclauze , horticulteur à Bourg-Argental (Loire) , 1840.

*Géologie* (la) dans ses rapports avec l'agriculture et l'économie publique etc. par M. Nérée Boubée. -- in-8.º , Paris , 1840.

*Indicateur* (l') des poids et mesures métriques, etc. par M. Martin-Victor Paquet , de Tour (Calvados) in-12 , 1840.

*Journal* des savants , année 1840.
Don de M. le Garde des sceaux.

*Journal* de la Société d'agriculture des Basses-Alpes. (1840),

*Journal* de la Société de la morale chrétienne. (1840).

*Liber psalmorum cum canticis et hymnis, jussu reginœ matris impressus, Parisiis apud* Abel Langelier. (1586).

Don de M. Pecoul.

*Mémoires* de l'académie royale du Gard. 1838-1839).

*Mémoires* de l'académie royale de Metz. (1838-1839).

*Mémoires* de la Société académique, agricole, industrielle et d'instruction de Falaise. (1839).

*Mémoires* de la Société royale et centrale d'agriculture. (1839).

*Mémoires* de la Société d'agriculture, sciences, arts et belles-lettres du département de l'Aube. (1840).

*Mémoires* de la Société d'agriculture, du commerce, des sciences et des arts de Boulogne-sur-Mer, (années 1837, 1838 et 1839).

*Mémoires* de la Société des lettres, sciences et arts de l'Aveyron (tome 2, 1839 à juillet 1840).

*Moniteur* de la propriété et de l'agriculture. -- Extrait sur le seigle multicaule.

*Nécessité* de s'occuper de la prospérité de l'agriculture, d'augmenter ses produits, etc. par M. le comte Louis de Villeneuve. -- In-8.º, Castres, 1840.

*Nécessité* (de la) et des bases d'une réforme financière en faveur de la propriété foncière et de l'agriculture, par M. B. J. Legat, avocat à la cour royale de Paris etc. in-8.o, 1840.

*Prix courant* des mûriers et autres arbres et graines des pépinières de MM. Bossin, à Paris; Audibert, frères, à Tonelle (Bouches-du-Rhône); L. Vasseur, à Charmes (Ardèche); Jacquemet-Bonnefont, père et fils, à Annonay (Ardèche); Chabonnier, frères, à Romans (Drôme), et des Beaux (Cher).

*Prix* de vertu fondé par M. de Montyon, Livret de l'Académie française, institut royal de France, 1840.

*Procès-verbaux* de la Société d'agriculture et de commerce de Caen (1839).

*Programme* d'un concours ouvert par la Société vétérinaire des départemens du Calvados et de la Manche, pour la destruction de l'empirisme.

*Programme* de deux concours ouverts par la Société royale d'agriculture et de commerce de Caen.

*Programme* des concours pour des prix à décerner en août 1841 par l'académie royale du Gard.

*Programme* du monument à élever, à Strasbourg, à Guttenberg, inventeur de l'imprimerie 1840.

*Programme* d'un prix de 1000 fr. sur les moyens d'avancer et d'obtenir le bienfait d'une paix universelle et permanente, mis au concours par la Société de la morale chrétienne.

*Programme* des prix proposés par la Société d'encouragement de l'industrie nationale, pour être décernés de 1841 à 1847.

*Programme* des questions mises au concours par l'académie royale de Metz, pour les prix à décerner en 1841.

*Programme* de la séance publique de la Société royale et centrale d'agriculture, du 26 avril 1840.

*Propagateur* agricole, journal d'économie rurale, publié par la Société mutuelle pratique du Cantal.

*Propagateur* (le) de l'industrie de la soie en France, journal mensuel, etc., sous la direction de M. A. Carrier, de Rodez. — 1840.
Don de M. le Ministre de l'Agriculture et du Commerce.

*Rapport* fait à l'académie royale du Gard, sur le concours de 1840.

*Rapport* fait à l'académie des inscriptions et belles-

( 186 )

lettres (Institut royal de France), au nom de la commission des antiquités nationales, à la séance publique du 25 septembre 1840, par M. Alex. de Laborde.

*Rapport* des séances annuelles de 1838 et de 1839 de la Société royale des antiquaires du Nord, à Copenhague.

*Rapports* (1.er et 2.e) faits à la Société royale et centrale d'agriculture, au nom de la commission d'Œnologie, par M. O. Leclerc-Thouin.

*Rapport* fait à la Société d'agriculture de la Rochelle sur le concours de M. le major Bronski; notice sur la construction de magnanerie de M. André-Jean, qu'il a dirigée, et note sur la coconnière de son invention.

*Rapport* sur la machine anglaise à battre les grains, lu dans la séance du 8 janvier 1840, à la Société royale académique de Nantes.

*Recueil* de la Société libre d'agriculture, sciences, arts et belles-lettres du département de l'Eure, à Evreux, 1840.

*Recueil* agronomique de la Société des sciences, agriculture et belles-lettres du département du Tarn-et-Garonne. -- 1840.

*Réglement* de la Société ethnologique, à Paris.

*Revue* agricole. Bulletin spécial des associations agricoles. -- 1840.
Don de M. le Ministre de l'Agriculture et du Commerce.

*Revue* britannique, in-8.o. -- 1840.

*Revue* scientifique et industrielle, etc. sous la direction du docteur Quesneville (n.o 11, novemb. 1840).

*Revue* mensuelle des comices agricoles et de toutes les institutions agronomiques in-4.o, Paris, liv. de juin et juillet 1840.

*Séance* publique de la Société royale d'agriculture histoire naturelle et arts utiles de Lyon. -- Exposition des fleurs et autres produits de l'horticulture, 1840.

*Séance* publique de la Société d'agriculture, commerce, sciences et arts du département de la Marne, tenue à Châlons, le 3 septembre 1840.

*Semoir-Hugues.* -- Diverses pièces publiées par M. Hugues (1839, 1840).

*Statistique* de la France. -- Agriculture. -- 2 vol. petit in-fol., 1840.

Don de M. le Ministre de l'Agriculture et du Commerce.

* *Traité* de l'éducation des vers-à-soie et de la culture du mûrier, suivi de divers mémoires sur l'art séricicole : par M. Mathieu Bonafous, 4.e édit. 1 vol. in-8.0, Paris, 1840.

* *Traité* du chanvre, de Mercadier, -- Paris, an III (1795).

*Traité* sur le chanvre du Piémont, de la grande espèce (*cannabis giganteo*), sa culture, son rouissage et ses produits, par S. Rey.

# *Livres donnés par M.* VALANTIN, *D. M. à Mende.*

---

## MÉDECINE.

*Académie de médecine.* - Codex medicamentarius. Paris, 1818, 1 vol. in-4.

*Baglivi.* - Opera omnia. - Lyon 1745, 1 vol. in-4.

*Barthez.* -- Nouveaux élémens de la science de l'homme. - 2 vol. in-8., Paris, 1806.

*Bell.* - Traité des ulcères. - Paris, 1801, 1 vol. in-8.

*Belloc.* - Cours de médecine légale. - Paris, 1807, 1 vol. in-12.

*Boissier de Sauvages.* - Pathologia methodica. - Lyon, 1759, 1 vol. in-12.

*Bordenave.* - Essai sur la physiologie, etc. - Paris, 1787, 2 vol. in-12.

*Buchez et Trelat.* - Précis élémentaire d'hygiène. Paris, 1825, 1 vol. in-12.

*Clerc.* - Histoire naturelle de l'homme, etc. - Paris, 1768, 2 vol. in-12.

*Cullen.* - Elémens de médecine pratique. - Paris, 1785, 2 vol. in-8.

*Delarue.* - Le *vade mecum* ou guide de chaque complexion. - Paris, 1828, 1 vol. in-12.

*Dubouchet.* - Manuel des goutteux et rhumatisans. Paris, 1829, 1 vol in-18.

*Fitzerald.* - Traité des maladies des femmes. - Paris 1758, 1 vol. in-12.

*Fothergill.* - Conseils aux femmes de 45 à 50 ans. Paris, 1812, 1 vol. in-12.

*Gaussen.* - Sur la chaleur naturelle de l'homme. - Montpellier, 1787, broch in-8.

*Giraudi.* - Précis de thérapeutique, etc. - Paris, 1825, 1 vol. in-12.

*Grant.* - Recherches sur les fièvres. - Paris, 1773. 3 vol. in-12.

*Guerin.* - Traité sur les maladies des yeux. - Lyon, 1769, 1 vol. in-12.

*Huxham.* - Essai sur les différentes espèces de fièvres. Paris, 1764, 1 vol in-12.

*Janin.* - Mémoires et observations sur l'œil et sur la mort subite. - Paris, 1772, 1 vol. in-8.

*Klein.* - Interpres clinicus. - Amsterdam, 1769. - 1 vol. in-12.

*Lafaye.* - Principes de chirurgie. - Paris, 1797. - 1 vol. in-12.

*Langhans.* - Les gouttes glaciales. - Genève, 1759 ; 1 vol. in-12.

*Lefebvre de Villebrune.* - Traité des maladies des enfans. - Paris, 1778 , 1 vol. in-8.

*Id.* - Asphorismes d'Hippocrate. - Paris , an IX. - 1 vol in-12.

*Le Roy.* - Du pronostic dans les maladies aiguës. Montpellier , 1776 , 1 vol. in-8.

*Lommius.* - Tableau des maladies. - Paris , 1712. 1 vol. in-12.

*Id.* - Observationum medicinalium etc. - Amsterdam , 1761 , 1 vol. in-12.

*Lordat* - Traité des hémorragies. - Paris , 1808 , 1 vol. in-8.

*Louis.* - Traité des maladies des os. - Paris , 1789. 2 vol. in-12.

*Marquet.* -- Traité de l'apoplexie, etc. - Paris , 1770 , 1 vol. in-12.

*Mead.* - Monita et præcepta medica. - Paris , 1757 1 vol. in 8.

*Miquel.* - Lettres à un médecin de province. - Paris , 1825 , in-8.

*Id.* - Traité des convulsions, etc. - Paris , 1824 ; 1 vol. in-8.

*Nauche.* -- Nouvelles recherches sur la retention d'urine. - Paris , an 12 , broch. in-8.

*Peyrilhe.* - Dissertatio academica de cancro. - Paris, 1774 , 1 vol. in-12.

*Piquer.* - Traité des fièvres. - Amsterdam , 1776 , 1 vol. in-8.

*Id.* - Praxis medica. - *id.* , 1775 , in-8.

*Pomme.* - Traité des affections vaporeuses , etc. - Lyon , 1767 , 1 vol. in-12.

*Portal.* – Traitement des asphyxiés, noyés, etc. –
Paris, 1811, 1 vol. in-12.

*Pouquier* D. M. – Elémens de médecine de Brown.
Paris, 1805, 1 vol. in-8.

*Pringle.* – Maladie des armées. – Paris, 1775, 2
vol. in-12.

*Quesnay.* – Traité de la gangrène. – Paris, 1764,
1 vol. in-12.

De *Roussel.* – Dissertatio de variis hepertum etc.
Cadonci (Caen), 1779, 1 vol. in-8.

*Selle.* – Rudimenta pyretologiæ. – Amsterdam, 1787,
1 vol. in-8.

*Sims et Jaubert.* – Maladies épidémiques. – Avignon
1778, 1 vol. in-12.

*Storck.* – Des propriétés de la douce amère. – Vienne
1769, 1 vol. in-8.

*Id.* – Anni medici etc. – Amsterdam, 1779, 3
vol in-12.

*Sue.* – Traité des bandages etc. – Bruxelles, 1775,
1 vol. in-12.

*Sydenham.* – Opera medica. – Genève, 1736, 2
vol. in-4.

*Tissot.* – Dissertatio de febribus biliosis. – Lausanne, 1765. – 1 vol. in-8.

*Id.* – L'Onanisme. – Lausanne, 1773, 1 vol. in-12.

*Id.* – Avis au peuple sur sa santé. – Lyon, 1767,
2 vol. in-12.

*Id.* – Traité sur différens objets de médecine. – Paris
1769, 2 vol. in-12.

*Id.* – De variolis, etc. – Lausanne, 1761, 1 vol. in-12.

*Id.* – Traité de l'épilepsie. – Paris, 1772, 1 vol. in-12.

*Van-Doeveren.* – Observations sur les vers etc. –
Paris, 1764, 1 vol. in-12.

( 191 )

*Van-Swieten.* – Maladies qui règnent le plus communément dans les armées. – Lausanne, 1769, 1 vol.

*Van-Zelst.* – De Podagra etc. – Lausanne, 1760, 1 vol. in-12.

*Voullonne.* – Question proposée par l'académie de Dijon etc. – Avignon, 1776, 1 vol. in-8.

*Zimmermann.* – Traité de l'expérience... dans l'art de guérir. – Avignon, 1800, 3 vol. in-12.

*Id.* – Traité de la dissenterie. – Lausanne, 1724, 1 vol. in-12.

*N......* D. M. – Dictionnaire médicinal portatif. – Paris, 1763, 1 vol. in-12.

*N.* – Médecine expérimentale. – Paris, 1755, 1 vol. in-12.

## SCIENCES ET LITTÉRATURE.

*Andry.* – Traité des alimens de carême, 2 vol in-12.
*Bussy-Rabutin.* – Lettres, 7 vol. in-12.
*De Candolle.* – Synopsis plantarum. – Paris, 1806, 1 vol. in-8.
*Fontenelle.* – Œuvres diverses. – Paris 1724, 3 v. in-12.
Le P. *F. P.* de la compagnie de Jésus. – Indiculus universalis. L'univers en abrégé. Lyon, 1703, in-12.
*La Harpe.* – Abrégé de l'histoire générale des voyages. – Paris, 1780, 21 vol. in-8.
*Linnée.* – Genera Plantarum. – Paris, 1743, 1 vol. in-8.
*Id.* – Philosophia botanica. – Vienne, 1763, 1 v. in-8.
*Id.* – Systema naturæ. – La Haye, 1756, 1 v. in-8.
*Louvet.* – Le Mercure hollandais. – Lyon, 1673, 1 vol. dépareillé in-12.
*Marmontel.* – Œuvres complètes. – Liège, 1777, 11 vol. in-8.
*Raulhac.* – Annotations sur l'histoire d'Aurillac etc. – Aurillac, 1820, broch. in-8.
*Turpin*, Histoire universelle imitée de l'anglais. – 3 vol. in-12.
*Voiture.* – Ses œuvres. – 2 vol. reliés en un seul, Paris, 1685, 1 vol. in-12.

# LISTE
## DES MEMBRES DE LA SOCIÉTÉ.

*PRESIDENT HONORAIRE.*

M. **PAGÈS** ✱, Préfet du département de la Lozère.

*BUREAU.*

Président. . . . . . . . . M. Bouyon.

Vice-présidens. . . . . MM. { Blanquet (D. M.) / Borelli de Serres.

Secrétaire-perpétuel . . . M. Ignon (J. J. M.) ✱

Vice-secrétaire. . . . . . M. Prost.

Trésorier. . . . . . . . . M. Rous.

*MEMBRES HONORAIRES.*

M. Moreau (Jos.) ✱, ancien préfet du département.

M. Bluget de Valdenuit ✱, *idem.*

M. le comte de Lestrade ✱, *idem.*

M. Gabriel ✱, *idem*, prefet de la Charente-Infér.

M. le b on de Jessaint (C ✱), m. des requêtes, *idem*, préfet du Gard.

M. Fleury ✱, *idem*, préfet de la Creuse.

M. A. Delon ✱, *idem*, préfet des Ardennes.

*MEMBRES TITULAIRES ET ASSOCIÉS RESIDANS.*

MM.

1819 Baron Florens ✱, ancien préfet, membre correspondant du conseil supérieur d'agriculture.

De Lescure (Célestin ✱, propriétaire.

Ignon (J. J. M.) ✱, membre correspondant des Sociétés académiques du Puy, de Macon, d'Amiens et de la Société archéologique de Montpellier, etc.

Monteil-Charpal, juge de paix.

Bouyon, payeur du département, membre correspondant de la Société académique du Puy.

Bourrillon, négociant.

Blanquet, juge au tribunal civil de Mende.

Guyot �֍, notaire, membre du conseil général.

1820 Prost, directeur-comptable de la poste aux lettres, membre correspondant des Sociétés linnéennes de Paris et de Bordeaux, de la Société des sciences physiques, chimiques et arts industriels de Paris, et des Sociétés académiques du Puy, Falaise et Rodez.

Boissier, négociant.

Chevalier, propriétaire.

Ignon, fils (Auguste), membre de la Société géologique de France ; de la Société des sciences physiques, chimiques et arts industriels de Paris ; correspondant de la Société d'histoire naturelle de Montpellier.

Jaffard ✖, négociant.

Rous, propriétaire.

1829 Blanquet, docteur en médecine, inspecteur des eaux thermales de Bagnols, près Mende.

De Ligonnès (Edouard) ✖, propriétaire.

Renouard ✖, conseiller de préfecture, secrétaire général.

1832 Borelli de Serres, maire de Mende.

Chevalier, docteur en médecine.

Barbot, docteur en médecine, sous-inspecteur des eaux thermales de Bagnols et de la Chaldette.

1833 H. Lévrault, conseiller de préfecture, membre de la chambre consultative des arts et manufactures.

Ch. Levrault, directeur de l'enregistrement.

Degand, inspecteur des écoles primaires du département.

1834 De Chapelain (Octave), propriétaire.

1836 L'abbé Baldit, principal du collége.

1838 Bon, juge au tribunal civil de Mende.

1839 Vachin, avocat, membre du conseil d'arrondissement de Mende.

1841 Loizellier, sous-inspecteur des écoles primaires, à Mende.

*MEMBRES CORRESPONDANS.*

## MM.

1819 Costier, notaire à Prévenchères.

1820 Pascal, ancien directeur des contributions indirectes, membre du conseil général, maire à la Capelle.

Bros, maire à Lannéjols.

Granier, *idem* à Rieutort.

Moré de Charaix ✠, propriétaire à Cheminade.

De Soulages, propriétaire à Auroux.

Ferrand, notaire au Bleymard.

Roche, notaire, maire à Châteauneuf, membre du conseil général

Chevalier, propriétaire à Bagnols, près Mende.

Des Hermaux, avocat, à St-Laurent-de-Rive-d'Olt (*Aveyron*), membre du conseil général.

Boissonade, docteur en médecine, membre correspondant de l'Académie royale de médecine, sous-préfet à l'Argentière.

Bourdon, architecte à Nismes (*Gard*).

Crouzon (Louis), artiste vétérinaire, à Rodez.

Hedde (Philippe), membre de plusieurs Sociétés savantes, au Puy.

Duparc, percepteur à Chanac.

1828 Provençal, docteur en médecine, professeur à la faculté des sciences à Montpellier, membre correspondant de l'Institut, etc., etc.

Comte de Morangies, propriétaire à Fabrèges, membre de la Chambre des députés.

Bonbernat du Chambon, propriétaire à St-Juéry.

1829 Ignon (C. J. A.), conseiller à la cour royale de Nismes.

Renouard ✳, sous-préfet à Florac.

Du Cayla ✳, propriétaire à Aumont.

Baron Brun de Villeret (G. O. ✳), pair de France, maître des requêtes, lieut.-général, membre du conseil général.

Chazot ✳, docteur en médecine à St-Chély.

Marquis de Brion ✳, propriétaire à Fournels.

L'abbé Fayet (O. ✳), curé de St-Roch, à Paris.

Marmilor, directeur des contributions indirectes, à Bagnères de Bigorre (*Hautes-Pyrénées*).

1830 Audibert ✳, aîné, pépiniériste, à Touelle, près Tarascon (*Bouches-du-Rhône*).

Baron Pelet de la Lozère (O. ✳), pair de France.

Ruelle, payeur du trésor à Grenoble (*Isère*), membre des Sociétés académiques du Puy et de Mâcon.

Toit, ingénieur des ponts et chaussées, à Domfront (*Orne*).

Crueize, juge de paix du canton de Serverette, membre du conseil général.

Campredon, juge de paix du canton de Barre, membre du conseil général.

Larguier, maire à Saint-Germain-de-Calberte, membre du conseil d'arrond. de Florac.

Hedde (Isidore), agent de change, à St Etienne (*Loire*).

Dejean, juge de paix a Nasbinals.

Fonvielle, pasteur au Pont-de-Montvert.

1833 Chapel-d'Espinassoux ✳, négociant à Marvejols.

Richon des Brus ✳, docteur en médecine, membre de la Société académique du Puy.

Mosnier Chapelle ✳, ex-directeur des mines de Vialas, à Paris.

De Jocas, avocat, à Carpentras (*Vaucluse*).

Rivière de Larque ✳, conseiller référendaire à la cour des comptes, membre du conseil général.

Saint-Laiger, notaire au Malzieu.

D Hombres (Charles), propriétaire à Alais.

1835 De Mauléon ✳, ingénieur en chef des domaines de la liste civile, membre de plusieurs Sociétés savantes à Paris.

1836 Tenting, inspecteur de l'instruction primaire du département du Puy-de-Dôme à Clermont.

Goirand de Laraume ✳, conseiller à la cour royale de Nismes, membre de plusieurs Sociétés savantes.

Monteil-Charpal (Alphonse), substitut du procureur du Roi près le tribunal de Marvejols.

Paradan (Eugène) propriétaire à la Canourgue.

Comte de Meynadier (G. O. ✳), lieutenant général, membre de la chambre des députés, commandant de la 19.e division militaire à Clermont.

Monseignat du Clusel, propriétaire à Rodez, membre de la chambre des députés.

Mallay, architecte à Clermont.

BRUN DE VILLERET (Alphonse), propriétaire au Malzieu.

D'IMBERT DE MONTRUFFET, percepteur à Paris.

1839 L'abbé ENJALVIN, aumônier d'un établissement religieux, à Paris; officier d'académie, chanoine honoraire de Mende.

PAYAN DE CHAMPIER, président du tribunal civil à Orange (*Vaucluse*).

DE LABOUISSE, membre de plusieurs Sociétés savantes.

1840 BELVIALA (Casimir), propriétaire à Langogne, membre du conseil d'arrond. de Mende.

DE LA ROCHENEGLY, maire à Auxillac.

1841 MARTIN, notaire, adjoint à la mairie de Marvejols.

GIRAUDEAU DE ST-GERVAIS, D. M. à Paris.

# TABLE DES MATIÈRES (*).


AGRICULTURE. Cours d'agriculture à établir à l'école normale à Mende.    79

———————— Concours pour des primes d'encouragement à l'agriculture.    83

AMÉLIORATIONS AGRICOLES. Sur quelques améliorations agricoles introduites dans la commune de Lachamp, par M. Martin.    77

ANTIQUITÉS. Notice sur les monumens antiques et du moyen âge du département de la Lozère, par M. J. J. M. Ignon.    137

Dolmens, 139. — Pierres levées, 150. — Pierres branlantes, 151. — Roches naturelles consacrées au culte druïdique, 153. — Tumulus, 154 — Haches, 157. — Fontaine de St Martin, 160. — Lac de St-Andéol, 161. — Culte d'Hercule, 164. — Habitation des Gaulois, 170. — Médailles gauloises, 172.

APERÇU sur l'état actuel de la société en France, par M. Alph. de Charpal.    109

*Arbres*, à fruits, mûriers, pin noir d'Autriche,    11

BIBLIOTHÈQUE de la Société. — Partie historique départementale.    177

BLÉ. — Notice sur une variété du blé de Ste-Hélène ou blé monstre, par M. le B. C. d'Hombres.    57


---

(*) On a indiqué en petites capitales les Mémoires, Notices, etc. qui ont été insérés en entier ou par extrait dans ce volume, et en caractères italiques ceux qui n'ont été que mentionnés dans le Compte-rendu, ou dans des extraits de divers rapports.

*Chanvre.* — Chanvre de la grande espèce du Piémont. 10

Comices agricoles. — Lettres de M. le Préfet concernant leur organisation. 27

——————— Rapport sur l'organisation des comices agricoles dans le département de la Lozère, par M. le conseiller Ignon. 33

——————— Réglement pour l'organisation des comices agricoles dans le département. 51

——————— Travaux des comices agricoles de Marvejols et de Florac. 120

Compte-rendu des travaux de la Société, par M. J. J. M. Ignon. 5

*Ferme-modèle* de Fabrèges. 15

Instrumens aratoires. — Notice sur des instrumens aratoires perfectionnés, et sur la méthode à suivre pour leur introduction graduelle dans le département de la Lozère, par M. le conseiller Ignon. 60

Liste des membres de la Société. 192

*Madia sativa.* — Plante oléagineuse. 9

Musée. — Notice des objets donnés ou acquis pour les collections du Musée de la Société. 175

*Nécrologie.* MM. Chirac et Maisonneuve, père. 25

*Observations météorologiques.* 21

Ouvrages adressés à la Société. 180

*Peganum harmala.* Plante tinctoriale. 9

Pensées et Caractères, par M. Bouyon. 65

Poésie. — Hymne à la Vierge, par M. l'abbé Baldit. 101

——————— Chant héroïque sur la translation, en France, des cendres de Napoléon, par M. Meffre. 106

*Précis* classique d'histoire universelle ; par M. l'abbé Enjalvin.  23

Procès-verbal de la séance publique du 30 août 1840.  3

Produits industriels du département cités à l'époque de l'exposition de 1839.  99

Statistique. -- Documens statistiques sur le département de la Lozère.  133

(Production agricole. -- Animaux domestiques. -- Tableau de la propriété et de la contribution foncière. -- Production agricole par nature de produits et par arrondissement. )

Vignes. Ecole et culture des vignes du Luxembourg, formée par M. le comte Chaptal et rétablie par M. le duc Decazes. Variétés de la Lozère.  93

9 782329 783703